Matthew Mockridge
Gate C30

W0034037

papego

Kostenlos mobil weiterlesen! So einfach geht's:

 1. Kostenlose App installieren

 2. Zuletzt gelesene Buchseite scannen

 3. 25 % des Buchs ab gescannter Seite mobil weiterlesen

 4. Bequem zurück zum Buch durch Druck-Seitenzahlen in der App

Hier geht's zur kostenlosen App:
www.papego.de/app

Erhältlich für Apple iOS und Android. Papego ist ein Angebot der Briends GmbH, Hamburg. www.papego.de

MATTHEW MOCKRIDGE

GATE C30

Eine Geschichte über wahres Lebensglück

Externe Links wurden bis zum Zeitpunkt der Drucklegung des Buches geprüft. Auf etwaige Änderungen zu einem späteren Zeitpunkt hat der Verlag keinen Einfluss. Eine Haftung des Verlags ist daher ausgeschlossen.

Bibliografische Information der Deutschen Nationalbibliothek

Die Deutsche Nationalbibliothek verzeichnet diese Publikation in der Deutschen Nationalbibliografie; detaillierte bibliografische Daten sind im Internet über http://dnb.d-nb.de abrufbar.

ISBN 978-3-86936-798-9

Lektorat: Christiane Martin, Köln | www.wortfuchs.de
Umschlaggestaltung: Martin Zech Design, Bremen | www.martinzech.de
Titelbild: Arthur Remacle, Amsterdam
Abbildungen: Raffaello Cuccuini, Amsterdam
Autorenfoto: Marion Koell
Satz und Layout: Das Herstellungsbüro, Hamburg | www.buch-herstellungsbuero.de
Druck und Bindung: Salzland Druck, Staßfurt
2. Auflage 2018

Printed in Germany

www.gabal-verlag.de
www.twitter.com/gabalbuecher
www.facebook.com/Gabalbuecher

Inhalt

Prolog 7

Die Reise beginnt 10

1. Begegnung mit Rob – das innere Kind wiederfinden
   und die Maske ablegen 19

2. Begegnung mit Maria – die Kraft der Gedanken nutzen
   und das Drehbuch des eigenen Lebens schreiben 63

3. Begegnung mit Mel – Disziplin üben und lernen,
   im Team zu spielen 99

4. Begegnung mit Rose – den Blick für die kleinen Dinge
   bewahren und den Augenblick nutzen 145

5. Begegnung mit Noah – tief ein- und ausatmen und
   zurück zur Quelle finden 165

6. Begegnung mit Dilara und Emin – lieben, um zu lieben,
   und unseren Kindern Vorbild sein 199

Die Reise endet – und beginnt 230

Epilog 234

Danksagung 236

Der Autor 238

Inspiriert durch wirkliche Begebenheiten

Prolog

Mein Name ist Jason Cooper und ich muss dir meine Geschichte erzählen, weil ich mit dir teilen möchte, was mir widerfahren ist.

Jedes Leben hält eine bedeutungsvolle Reise bereit, auf die ein Mensch gehen muss, wenn er in der Welt dort ankommen möchte, wo die größten Träume und das glücklichste Herz verborgen sind. Leider machen die wenigsten jemals den ersten Schritt und verbringen oft ein ganzes Leben in trauriger Unzufriedenheit.

Ich jedoch hatte das Glück, eine solche unvergessliche Reise zu erleben, die mich zu unvorstellbar wertvollen Geheimnissen geführt hat, die mein Leben für immer verändert haben. Alles, was ich bei diesem Abenteuer gelernt habe, werde ich dir auf den Seiten dieses Buches eröffnen, sodass auch du dein echtes Glück und deine ehrlichste Erfüllung finden kannst – so wie ich es auch getan habe.

All die außergewöhnlichen Lebensweisheiten, das wertvolle Wissen und die aufregenden Geschichten der Persönlichkeiten, die ich auf meiner Reise kennenlernen konnte, werde ich mit tiefem Respekt und sensibler Ermutigung für deinen ganz persönlichen Weg beschreiben. Unsere gemeinsamen Stunden werden dir ehrliche Inspiration, langfristige Motivation und Lebensfreude, wahre Begeisterung und dauerhaften Mut schenken. Das verspreche ich dir und wünsche es mir von ganzem Herzen für dich.

Bevor ich diese unvergessliche Reise erleben durfte, verlor ich das Gefühl für all die wahre Schönheit in meinem Leben. Ich konnte die einfachen Dinge nicht mehr sehen, obwohl sie oft direkt vor mir waren. Ich suchte, obwohl ich selbst eigentlich nur gefunden werden wollte. Dabei rannte ich immer schneller, ohne zu wissen, ob ich auf dem richtigen Weg bin.

Mein Leben glich einem Bilderbuch, aber meine Seele verharrte in tiefer Sinnlosigkeit. Ich war überall und deswegen war ich nirgends. Als erfolgreicher Unternehmensberater hatte ich jedes Spielzeug, das ich mir wünschte. Ich wohnte in Designer-Hotels, aß in den besten Restaurants der Weltmetropolen und arbeitete mit Firmen zusammen, deren Macht die Gesetze der Gesellschaft schreiben. Ich hatte alles und trotzdem fehlte mir etwas – ich spürte es oft ganz deutlich. Wie eine dunkle Leere tief in meinem Inneren. Es war, als ob ein Stück Leben in mir fehlen würde.

Erst als ich beinahe meine Familie verlor, meine Frau Lizzy, die Liebe meines Lebens, und meine beiden Töchter, verstand ich zum ersten Mal, was wichtig ist. Ein Wunder kam in mein Leben und zeigte sich mir durch sieben fremde Menschen, denen ich begegnete. Weil ich zum ersten Mal wirklich zuhörte, änderten die Geheimnisse und Lebensweisheiten dieser spannenden Persönlichkeiten in der kurzen Zeit, die wir miteinander verbringen konnten, für immer meinen Blick auf die Welt und führten mich zu einem völlig neuen, wirklich erfüllten und glücklichen Leben. Eine Reihe scheinbar zusammenhangloser Ereignisse, die ich zunächst verfluchte, wurden zum wichtigsten Tag meines Lebens. Manchmal bekommst du eben nicht sofort das, was du willst, weil das Leben etwas Besseres für dich geplant hat.

Heute weiß ich, dass der Wind des Lebens immer den richtigen Zeitpunkt findet, um die größten Geheimnisse zu lüften. Du spürst sie ganz deutlich, noch bevor du weißt, dass ihre Kraft dein Leben für immer verändern wird. Die wichtigsten Kapitel des Lebens haben oft noch keine Titel, wenn du anfängst, sie zu erleben, aber vertraue auf den Zauber jedes neuen Anfangs, und die Geschichte schreibt sich selbst – die Worte kommen zu dir. All das Wissen, das dieses Buch dir schenken wird, hat dich gefunden, wie ein Echo aus der Ferne. Heute könnte der erste Tag deines neuen Lebens sein ...

Das ist die Geschichte meiner Reise, die ich unbedingt mit dir teilen muss.

Die Reise beginnt

Die schwere Boeing 747 ist machtlos gegen die brutalen Turbulenzen 10 000 Meter über dem Meeresspiegel. Im Augenwinkel erkenne ich Feuer am rechten Triebwerk. Innerhalb von Sekunden übertönen Alarm und Warnsignale die panischen Schreie der Passagiere. Die Sauerstoffmasken fallen von der Kabinendecke und das Licht geht aus. Das Flugzeug beginnt plötzlich steil nach vorn zu fallen und der Nachthimmel dreht sich. Meine ganzer Körper zittert vor Angst und ich greife immer fester in die Armlehnen meines Sitzes, als ich spüren kann, wie der unkontrollierbare Sturzflug auf das schwarz unter uns liegende Meer immer schneller wird. Das ganze Tragwerk der Maschine verzieht sich, ohrenbetäubender Lärm von brechendem Metall. Mein Herz schlägt immer schneller, ich kann nicht mehr atmen, mein Gesicht verzieht sich, ich beiße die Zähne zusammen, Schweißperlen rinnen über meine Stirn und ich fühle, wie unbändige Kräfte immer stärker auf mich einwirken. Der Lärm wird lauter, in wenigen Sekunden wird die Maschine in der Luft zerfetzt werden – und plötzlich reiße ich meine Augen auf.

Der Wecker klingelte. Es war Montag, 4:30 Uhr morgens,

und wie jeden Montagmorgen quälte ich mich aus dem Bett im dunklen Schlafzimmer. Meine Frau Lizzy schlief normalerweise einfach weiter, sie hatte sich mittlerweile an diese Routine gewöhnt und wurde nicht mehr wach, wenn ich aufstand. Aber an diesem Montag war es anders, ich sah, dass sie nicht schlief, sie musste meinen Traum bemerkt haben. Ich deckte vorsichtig ihre Schultern zu, setzte mich ans Fußende unseres Bettes und spürte dann ihre Hand auf meiner Schulter. Ich fühlte mich geborgen und gleichzeitig ertappt. »Musst du wirklich wieder nach Doha? Wolltest du nicht zumindest die Auslandsprojekte etwas runterfahren? Die Kinder und ich brauchen dich hier.« Ihre weichen Worte trafen mich an meinen sensibelsten Stellen. Es war, als wären die Menschen, die mir das meiste bedeuten, am weitesten entfernt von mir, auch wenn ich das alles für sie tue. »Nur noch dieser Deal. Doha wird alles ändern. Wenn ich diesen Deal abschließe, Honey, dann wird endlich alles anders, versprochen.« Es fühlte sich an, als hätte ich diesen Satz schon unzählige Male zuvor gesagt, und ich wünschte mir nichts mehr, als dass er endlich zur Wahrheit würde. Ich atmete tief durch, stand auf und ließ Lizzy allein im Bett zurück. Ich wusste, dass es zwischen uns nicht mehr war wie früher, als wir uns kennenlernten.

Mit jedem dieser Morgen vergrößerte sich der Abstand zwischen uns. Es fühlte sich an, als würden wir nebeneinander, aber schon lange nicht mehr miteinander leben. Es tat mir weh, weil ich wusste, dass ich Lizzy wirklich liebte. Auch wenn ich immer wieder ging, blieb die Liebe zwischen uns.

Ich wusste nicht, was ich tun könnte, um etwas zu verändern, denn die Arbeit, die uns auseinanderzog, gab uns gleichzeitig die Sicherheit, in der wir lebten. Manchmal wollte ich diese Sicherheit am liebsten gegen echte Freiheit eintauschen, aber mir fehlte der Mut.

Ich hörte Lizzy hinter mir leise sagen: »Es ist so lange her, dass wir als Familie etwas zusammen gemacht haben. Ich vermisse die Abende, die wir mit den Kindern verbracht haben vor dem Kamin mit deinem Lieblingsapfelkuchen mit Zimt und den vielen Rosinen. Komm zurück nach Hause, Jason!« Ich verstand nicht genau, was sie meinte, denn ich war doch noch gar nicht weg. Nur noch ein paar dieser großen Deals, und dann hätte ich hoffentlich mehr Zeit für unsere gemeinsamen Abende. Langsam zog ich die Schlafzimmertür hinter mir zu.

Die Fliesen des Badezimmers waren kalt und die Ruhe bedrückte mich. In der Dusche, unter dem harten Wasserstrahl stellte ich mir wie jeden Morgen die gleiche Frage: Wann kommt das Gefühl von Ruhe und Glück in mein Leben, das ich schon so lange suche, für das ich jeden Tag so hart arbeite? Es ist, als wäre »morgen« die Antwort – jeden Tag.

In dem Moment, in dem ich das Wasser abstellte, verflogen meine Gedanken und der Zeitdruck trieb mich in meinen maßgeschneiderten Anzug und ins Auto zum Flughafen. Ich schnitt eine Schneise durch den dichten Morgennebel und verließ dann den noch leeren orange beleuchteten Highway in Richtung Airport. Check-in, Gepäckaufgabe, Security – diese Prozesse liefen für mich mittlerweile automatisch ab. Ich dachte nicht mehr nach, wenn ich mich am Flughafen bewegte. Ich funktionierte nur. Wie immer kaufte ich mir auf dem Weg zum Abflug zwei Tageszeitungen und einen starken Kaffee. Ich musste informiert sein, und gleichzeitig interessierten mich die Informationen so wenig, dass ich immer wieder Kaffee brauchte, um nicht einzuschlafen. Eine schnelle Zigarette in der Raucherlounge. Seit Jahren stand ich hier immer wieder an der gleichen Stelle und fragte mich, wieso ich nicht damit aufhören konnte. Ich sah Menschen, ich hörte sie auch, aber ich spürte sie nicht. Es war, als würde ich durch jeden einzelnen hindurchschauen, als wäre ich unsichtbar und deswegen immer allein, obwohl ich nichts mehr brauchte als Nähe.

Trockene Nachrichten über den katastrophalen Zustand der Welt, viel zu viel Koffein im Kaffee, blauer Rauch und kalte Schultern. Meine Maschine war fertig zum Einstieg, wir würden gleich starten. Der schwere Sitz in der ersten Klasse des großen Flugzeugs trug mich wie ein Thron zum ersten Zwischenstopp, dem riesigen Flughafen »Istanbul-Atatürk«, einem internationalen Drehkreuz, das Menschen wie mich in die entferntesten Länder führt. Ich stieg aus der Maschine in die kühle Morgenluft. Ich schaute auf mein Ticket und musste weiter zum Gate C30, von hier aus sollte es weitergehen nach Katar.

Noch eine schnelle Zigarette und ich ging in ein Café direkt in der Abflughalle. Der Duft von Kaffee und warmem Gebäck war überall und ich bestellte einen starken Mokka, der in einer silbernen Kanne zubereitet wird.

Als ich am Gate C30 ankam, nutzte ich meine Zeit, um letzte Vorbereitungen für die anstehende Verhandlung zu treffen. Ich flog nach Doha in Katar, um meine Beratung für einen Kunden aus der Rohölindustrie abzuschließen, dessen Unternehmen kurz vor dem Verkauf stand. Wenn alles so laufen würde wie geplant, könnten wir heute oder morgen die Verträge unterzeichnen, mein ohnehin schon reicher Kunde wäre mehrere 100 Millionen Euro reicher und ich würde ein weiteres Riesengeschäft abgewickelt haben. Ich war gut in dem, was ich tat. Es machte mich nicht mehr nervös. Es machte mich aber auch nicht mehr glücklich oder stolz. Ich arbeitete in schwindelerregender Karrierehöhe unter unfassbarem Druck – fast wie eine Maschine. Alles passierte automatisch, nur mein Herz spürte ich ganz deutlich. Es wusste schon lange ganz genau, dass mir etwas fehlt. Meine Schuhe waren eng und der Tag war noch jung.

Die Routine ging ihren Weg, ich folgte dem Protokoll. Eine weitere Zigarette, der nächste Kaffee. Hoch konzentriert studierte ich die vielen Zahlen, die sich aus meinem Laptop über mich ergossen. Ich schaute auf die »Forecast Financial Statements« und fühlte mich dabei wie in einem Tunnel ohne Ausfahrt. Erst die grelle Lautsprecheransage einer jungen Frauenstimme zog mich aus diesem Fokus: »Ladies and Gentlemen, Flight 691, nonstop to Doha, has been delayed for 7 hours.« Meine Damen und Herren, Flug 691, nonstop nach Doha, ist sieben Stunden verspätet.

Was? Das durfte nicht wahr sein, nicht heute! Nicht am Tag der Abschlussverhandlungen! Meine Konzentration war wie weggeblasen und ich geriet außer mich. Verwirrung und Nervosität füllten meinen Körper. Meine beiden Hände hoben sich von der Tastatur und ballten sich zu Fäusten. Seit sieben Monaten arbeitete ich an diesem Projekt. Nur an diesem Tag war es allen Parteien möglich, sich in Doha zur Unterschrift zu treffen. Ich hatte noch nie ein Meeting verpasst.

Ich wollte mich weiter aufregen, nach Lösungen suchen: Gab es andere Flüge? Was wäre, wenn ich gestern schon geflogen wäre? Ich fragte mich, ob ich überhaupt dazu in der Lage wäre, sieben Stunden lang am Flughafen gefangen zu sein. Mir wurde klar, dass meine immer lauter werdende innere Debatte nichts an meiner Situation ändern würde. Flug 691 war der einzige Flug nach Katar an diesem Tag. Meine Fäuste entspannten sich. Es war unabwendbar: Ich würde die nächsten sieben Stunden am Gate C30 verbringen.

Noch 6:59 Stunden bis zum Abflug

Es war, als wäre durch die Verschiebung meines Fluges die Zeit stehen geblieben. Ich befand mich in einem Zwischenraum, einer Art Wartezimmer, in meinem sonst so schnellen Leben. Es gab plötzlich nichts, was ich tun musste, keinen Druck. Ich hatte sieben Stunden Zeit und wusste nicht, was ich mit diesen sieben Stunden tun sollte. Ich fühlte mich deplatziert, verloren und allein. Der riesige Flughafen brachte Menschen in Bewegung zu Orten auf der ganzen Welt, aber für mich bewegte sich nichts mehr.

Ich dachte in diesem Augenblick an die Worte von Angela: »Nimm dir immer, was dir zusteht! Wir machen die Regeln, Jason. Du kannst alles haben, was du willst.« Angela de la Barthe ist die Geschäftsführerin der Unternehmensberatung, für die ich tätig bin. Eine der reichsten und einflussreichsten Frauen der Branche. Sie hat das Unternehmen von ihrem Vater übernommen. Angela ist elegant, professionell, eiskalt und berechnend. Es gibt Gerüchte, sie habe mit 27 Jahren ein Bürogebäude im »Financial District« gekauft, um den Portier zu feuern, dessen Service ihr nicht gefallen hat. Weil ich einer der umsatzstärksten Berater der Firma war, meldete sie sich immer wieder persönlich bei mir. Ich hörte sie auch jetzt wieder wie eine Art Stimme im Ohr: »Nimm dir, was dir zusteht, du kannst alles haben, was du willst!« Das ist gerade wirklich nicht hilfreich, dachte ich mir. Ich sitze fest.

Da merkte ich plötzlich, wie mich jemand anschaute. Ein warmes Lächeln. Eine kleine fröhliche Frau mit dunkelbraunen Locken. Eine der Reinigungskräfte des Flughafens. »Sie sind für die nächsten sieben Stunden also auch unser Gast hier am Gate, ja? Keine Sorge, Señor, ich bin auch den ganzen Tag hier, wenn es Ihnen langweilig wird, finden Sie mich einfach. Ich werde nie weit sein!«, sagte sie lachend und schob ihren Putzwagen vor sich her. »Danke!«, sagte ich leise und etwas ungläubig. Machte sie das mit jedem? War sie einfach nur freundlich oder mochte sie mich etwa? Schade, dass ehrliche Freundlichkeit heutzutage so selten ist, dass man sie leicht mit einem Flirt verwechselt. Was für eine interessante Frau, dachte ich und schaute ihr kurz nach, als sie mit ihrer guten Laune und dem Putzwagen zwischen den Sitzbänken des Gate C30 umherwirbelte und breit lächelte.

Wenn meine Laune auch nur halb so gut wäre, dachte ich mir und konnte nicht ahnen, dass sich meine Situation gleich noch deutlich verschärfen würde. Ich griff in die Tasche meines Jacketts und merkte plötzlich, dass mir etwas sehr Wichtiges fehlte. Mein Pass, meine Tickets und meine Geldbörse. Alles weg. Ein Schauder durchfuhr meinen ganzen Körper. Hatte ich die Sachen vielleicht einfach in meine Laptoptasche gelegt? Ich durchsuchte hastig alle meine Taschen. Nichts. Hatte ich die Sachen im Flieger liegen gelassen? Nein, ich erinnerte mich, dass ich nach dem Aussteigen noch mein Ticket in der Hand gehalten und im Café den Mokka bezahlt hatte. Ich schaute mich sofort um. War ich bestohlen worden? Hatte ich die Sachen einfach nur irgendwo liegen gelassen? Es musste innerhalb der letzten Minuten passiert sein.

»Jason Cooper. Meine Geldbörse und meine Reisedokumente sind weg. Können Sie sich darum kümmern? Schwarze Ledergeldbörse. First-Class-Tickets nach Doha. Ich muss damit zu einem sehr wichtigen Meeting.« Die junge Dame vom Flughafenpersonal wirkte fast erschrocken. »Bitte beruhigen Sie sich, Sir. Ich werde das Sicherheitspersonal verständigen und Ihre Sachen als vermisst melden. Sobald wir etwas finden, geben wir Ihnen Bescheid. Gern können Sie auch selbst schon einmal suchen, vielleicht haben Sie es ja hier am Gate irgendwo liegen gelassen.« »Danke!« Ich agierte wie eine Maschine, schnell und analytisch, wie in den vielen Geschäftsverhandlungen, die ich regelmäßig führte. Wo war ich noch gewesen? Sofort ging ich zurück zum kleinen Café in der Flughafenhalle. Direkt zur Kasse, an der langen Schlange von wartenden Menschen vorbei. »Hey, Sie da! Haben Sie eine Geldbörse und einen Pass gefunden? Schwarzes Leder. Es müssen auch Tickets dabei gewesen sein.« Der junge Mann hinter der Theke schien nicht zu verstehen, wie wichtig diese Dokumente für mich waren, ohne meinen Pass und meine Tickets konnte ich nicht fliegen. »Hey!«, jetzt wurde ich lauter. Ich war ich es gewohnt, sofort zu bekommen, was ich wollte. »Hey, hör mal zu. Ich brauche meine Dokumente. Sie müssen hier sein!« Immer noch nichts. Die lauten Kaffeemaschinen, der zischende Dampf der Milchaufschäumer und die zahllosen Stimmen der wartenden Menschen füllten das kleine Café. Ich verlor die Geduld. »Hey, wo sind meine Dokumente?«, schrie ich den jungen Barista jetzt fast an.

Er stand mit dem Rücken zu mir an einer Kaffeemaschine, ich merkte, wie er sich plötzlich langsam zu mir drehte. »Wir haben hier nichts gefunden. Aber ich kann dir einen Tipp geben.« Hatte er vielleicht etwas beobachtet? Ich lehnte mich zu ihm, um genau hören zu können, was er zu sagen hatte. »Egal, wer du bist, und egal, was du suchst, du wirst es nicht finden, wenn du so fragst. Niemand wird dir helfen, solange du nicht ein bisschen mehr Menschlichkeit zeigst. Viel Glück bei der Suche, ich muss jetzt weiterarbeiten«, sagte er, schüttelte ungläubig den Kopf, drehte sich wieder weg und das Chaos im Café ging weiter, als wenn er nie mit mir gesprochen hätte.

1. Begegnung mit Rob

Das innere Kind wiederfinden und
die Maske ablegen

Ich musste anscheinend lernen, mit Menschen umzugehen, ohne sie herumzukommandieren wie die Junior-Berater unserer Firma. Nachdenklich ging ich zurück zum Gate C30, genau den Weg, den ich vorher schon einmal gegangen war. Ich schaute auf den Boden: Waren mir die Dokumente und meine Geldbörse vielleicht aus der Tasche gefallen? Ich fand nichts. Als ich am Gate ankam, sah ich mich kurz um und atmete tief durch.

»Haben Sie eine schwarze Geldbörse gesehen? Ich habe sie und alle meine Dokumente verloren«, sagte ich zu einem Mann, der neben mir am Gate saß, und fügte hinzu: »Na ja, zumindest habe ich jetzt sieben Stunden Zeit, die ich totschlagen kann, indem ich versuche, sie wiederzufinden. Es muss wohl mein Glückstag sein.« Der Mann schaute mich an und sein linker Mundwinkel hob sich zu einem ganz leichten Grinsen, es wirkte, als würde er meinen Kommentar etwas seltsam finden. »Amigo«, sagte er, als ob er mich schon ewig kennen würde, »ich heiße Rob.« Immer noch grinsend, reichte er mir seine Hand. Sofort fiel mir auf, wie gesund Rob aussah. Seine Haut war goldbraun und ganz ohne Falten, wie von einem jungen Mann, obwohl er etwa Mitte 40 war. Seine Arme durchfahren von Adern, drahtig und stark. Zwischen den schulterlangen dunkelblonden Haaren helle Strähnen.

Strähnen, die von der Sonne kamen, nicht vom Frisör. Rob trug ein weißes T-Shirt, eine zerrissene Jeans und Flipflops. Um den Hals hatte er ein Lederband, an dem eine kleine Muschel hing. Er trug bunte Armbänder an beiden Handgelenken. Seine wachen blauen Augen funkelten und sein Lächeln war ehrlich und freundlich. Er strahlte eine unterschwellige Erhabenheit und Ruhe aus, die sofort spürbar war.

»Hallo, ich heiße Jason«, erwiderte ich leise. »Jason, du willst also heute Zeit totschlagen?« »Na ja, mir bleibt nichts anderes übrig. Es wäre mir natürlich auch lieber, wenn ich meine Dokumente jetzt wiederfinden würde und wir direkt starten könnten, ohne noch ewig warten zu müssen.« Rob hörte meine Worte und lachte kurz. »Du musst nicht starten, Amigo, du solltest erst mal ankommen.« Dieser Hippie-Surfer hatte mich wohl falsch verstanden. »Sorry, Rob, aber ich muss nicht ankommen, ich muss wegfliegen. Ich wäre idealerweise schon längst mit dieser Maschine auf dem Weg zu meinem Meeting.« »In der Welt ankommen ist auch starten. Die erste wahre Ankunft ist immer der wichtigste neue Start.« Ich schüttelte ungläubig den Kopf, das war für mich eindeutig zu viel Philosophieunterricht für diesen Morgen. »Ich habe heute einen extrem wichtigen Termin, jetzt fehlen mir meine Dokumente und diese Verspätung raubt mir grade auch noch sieben Stunden meines Tages!« Rob hörte meine Worte, schaute durch die große Fensterfront hinter dem Gate zur aufgehenden Sonne hinter dem endlosen Rollfeld und sagte: »Bevor ich wusste, dass echte Zeit nur im Jetzt existiert, dachte ich auch, dass man sie mir rauben könnte, Amigo. Du musst aufhören zu warten und anfangen zu leben. Aufhören zu suchen und anfangen zu erschaffen.«

»Mehr erschaffen? Ich müsste dir mal meinen Kalender zeigen, ich arbeite auf der ganzen Welt mit wichtigen Kunden, dabei schaffe ich mehr als die meisten. Ich schlafe wenig, ich kämpfe hart für das Leben, das ich führe. Ich habe keine Zeit, mir jetzt auch noch anzuhören, was ich sonst noch alles tun muss.« »Das stimmt. Du hast noch weniger Zeit, als du denkst, Amigo, aber das Gute ist, sie vergeht nicht, sie ist immer hier. Wenn du auf den Moment aufpasst, musst du dir um die Jahre keine Sorgen machen.«

Noch 6:45 Stunden bis zum Abflug

Ein Teil von mir wollte das Gespräch abbrechen und einfach weiter nach meiner Geldbörse und den Dokumenten suchen, aber die Aura, die tiefe Entspannung, die Freude und die Lockerheit von Rob faszinierten mich. Ich wurde das Gefühl nicht los, dass dieser Surfer etwas wusste, was ich nicht wusste. Er hatte etwas, das ich mir wünschte. Er war authentisch und so frei. Ich war überrascht von mir selbst, aber ich wollte mehr erfahren. Vielleicht war es die erstaunliche Gelassenheit, die er ausstrahlte. Ich fühlte mich gut, friedlich und sicher – nur durch seine Anwesenheit.

»Okay, Rob, du sagst, ich habe wenig Zeit, warum soll ich dir dann zuhören?« »Sehr gute Frage. Die erste wichtige Antwort ist, dass ich aus Erfahrung spreche. Alles, was ich dir erzähle, habe ich selbst erlebt und gespürt. Hier geht es nicht um Theorie, es geht um viel mehr, es geht um das Leben und die bewusste Entscheidung, die eigene Realität zu erschaffen.« »Wie meinst du das? Eigene Realität? Das hier ist die Realität! Mir fehlt meine Geldbörse. Und bist du nicht sauer, dass die Maschine Verspätung hat?« »Nein!«, kam sofort die klare Antwort von Rob. »Ich bestimme, wann ich sauer bin, nicht irgendeine Fluggesellschaft! Druck entsteht nur, wenn du gegen die äußeren Kräfte arbeitest, die auf dich einwirken. Dein Herz weiß genau, wie dein Leben funktioniert. Wenn du aufhörst, in deinem Kopf zu leben voller Stress und Druck, Gedanken und Zwängen, wenn dein Herz den Kurs übernimmt, dann fängst du an, wirklich zu leben in deiner Realität. Das ist der Moment, in dem du dein Leben nicht mehr von außen bestimmen lässt, sondern einfach nur neugierig wirst auf den Augenblick. Niemand weiß, was in der Zukunft passiert, aber jeder lebt gedanklich im Morgen, im nächsten Urlaub, in sieben Stunden. Wer aufhört, nach Sicherheit und vorhersehbarer Zukunft zu suchen, wird alle seine wichtigsten Antworten in der Neugierde auf den Augenblick finden.«

»Das klingt alles ganz nett, Rob, aber was ist mit Planungen und mit Zielen? Ist das nicht extrem wichtig?« »Ja, aber deine Ziele kommen aus deinem Kopf. Und der kann niemals intelligenter sein als die Natur, die ihn erschaffen hat. Vertraue auf dieses Wunder, auf das Unerklärliche: Tief in dir gibt es eine unbestreitbare und ungezähmte Kraft, die will, dass du großartig wirst und nicht durchschnittlich bleibst.

Folge dieser Kraft und du erreichst nicht nur deine Ziele, sondern findest deine Passion. Die Dinge, die dich wirklich begeistern, entstehen niemals zufällig, sie sind eng mit deiner Bestimmung verbunden. Vertraue ihnen und du fängst an, deinen eigenen Mount Everest zu erkennen.

Als Kind wusstest du genau, was du werden wolltest und was deine Passion war, richtig, Amigo? Programmiere dich ganz neu und erkenne endlich die Dinge wieder, die du längst nicht mehr sehen kannst. Führe ein Gespräch mit einem alten Freund oder Familienmitglied und frag nach deinen kindlichen Interessen. Was hast du immer getan früher, was hat dich wirklich gefreut? Es sind genau diese Dinge, die wirklich nah an deiner wirklichen Passion und deinen wichtigsten Zielen sind. Finde diese magischen Dinge wieder und dann fülle sie mit Leben, jeden Tag. Echte Leidenschaft kommt nach echter Arbeit, nach echtem Training. Zu viele Menschen denken, dass sie erst ihre Passion finden müssen, um die Kraft zu haben, jeden Tag für etwas zu arbeiten. Es ist genau umgekehrt. Erst wenn du jeden Tag für etwas aufstehst, entsteht echte Passion, weil du wirklich gut wirst und dich in die Lernkurve verliebst. Du kultivierst ein Handwerk, die Zeit bleibt stehen. Wann gab es Momente in deinem Leben, in denen die Zeit stehen blieb? Momente, in denen du genau das gemacht hast, was dich am meisten erfüllt? In diesen magischen Augenblicken liegt das Geschenk deiner Begabung. Geh zurück an die Orte, die dir Inspiration schenken!

Öffne dich und dein Wesen für den Zauber des Lebens. Spüre die Kraft der Welt, die dich umschließt. Die Regentropfen auf deiner Haut. Die Sonne, die dich wärmt. Das Gefühl auf deiner Hand, die einem anderen Menschen hilft. Das Geschenk eines schönen Zufalls – wie die Verspätung unseres Fluges heute. Manchmal im Leben kreieren zu viele Abkürzungen eine Verspätung. Nimm dir Zeit, um zu verstehen!«

Noch 6:32 Stunden bis zum Abflug

Ich wollte Robs Aussage am liebsten unter irgendeiner Hokuspokus-Hippie-Fantasie verbuchen, aber dazu war dieser Mann einfach zu intelligent, zu cool und zu selbstsicher. Seine Worte klangen noch Minuten, nachdem sie seine Lippen verlassen hatten, tief in meinem Inneren nach. Ich wartete, und nach einer Pause, die sich anfühlte wie eine Ewigkeit, fragte ich Rob: »Woher weißt du das alles?«

Er lächelte wieder mit dem gleichen hochgezogenen Mundwinkel, drehte sich zu mir, legte sich mit seinen Zeigefingern die langen Haare hinter die Ohren und holte ein Foto aus seiner Brieftasche. »Weißt du, wer das ist?« Ich blickte auf das Foto und sah einen Menschen, der mich sehr an mich erinnerte. Ein Mann mittleren Alters, schwarzer Anzug – offensichtlich teuer –, etwas übergewichtig, müde Augen, leerer Blick. Daneben ein schwarzer Lamborghini. Das Auto wirkte ebenso mächtig und finster wie der Mann daneben. »Ich kenne die Person nicht«, sagte ich und gab ihm das Foto zurück. »Das ist Robert Boyd, einer der bekanntesten Marketingmanager von New York City. Einer der Mitgründer der größten Werbeagentur des Landes.« Das erklärte das Auto und den teuren Anzug. »Und was ist mit ihm?«

Rob sah wieder durch das große Fenster in die Sonne hinter dem Rollfeld. »Seine alten Freunde nannten Robert immer nur Rob. Der Mann auf dem Foto, das bin ich!« Ich war überrascht und etwas verwirrt. Die Person auf dem Foto sah Rob überhaupt nicht ähnlich. Die Figur, die Haare, die Hautfarbe, die ganze Aura dieses Menschen auf dem Foto hatten überhaupt nichts mit der Person zu tun, die hier am Gate C30 neben mir saß. Ich war beeindruckt von diesem neuen und so offensichtlich zum Guten veränderten Robert »Rob« Boyd. Aber wie konnte jemand, der noch wenige Jahre zuvor so müde und ungesund gewirkt hatte – wie ein kranker alter Mann –, plötzlich so vital, fit, glücklich, jung und gutaussehend sein? War er es wirklich? Gab es ein Geheimnis? Eine neues Medikament oder den Brunnen des ewigen Lebens? Ich war unsicher. »Wirklich? Das ist kaum zu glauben, Rob!«

»Schau genau hin, Amigo!«, sagte er und hielt mir das Foto ein weiteres Mal vor. Und doch, die Augenpartie war auf den zweiten Blick unverkennbar. Der Mann auf dem Foto, neben dem Lamborghini, war Rob, der coole, fitte Typ mit den zerrissenen Jeans und den langen Haaren, der hier neben mir saß. »Was ist passiert?«, fragt ich sofort. »Wo ist der Anzug? Wo ist der Mann auf diesem Foto? Du hast dich unglaublich verändert.« »Der Mann auf diesem Foto hat nicht auf seine Zeit aufgepasst. Ich habe als Robert Boyd, der goldene Junge von New York City, über zehn Jahre meines Lebens verloren. Diese zehn Jahre bekomme ich nie wieder zurück. Ich wollte nicht den gleichen Tag immer wieder neu leben und das mein Leben nennen. Das ist kein guter Plan für die Zukunft, sondern eine schlechte Entschuldigung für die Gegenwart. Seit ich besser auf meine Zeit aufpasse, gehört Robert Boyd nicht mehr in mein Leben.«

Ich war sprachlos. »Wie konntest du einfach aufhören? Was war mit der Firma, der ganzen Verantwortung? Du musst mir erklären, wie so ein harter Einschnitt überhaupt möglich ist und was dich auf diesen Weg geführt hat.« Robs Mundwinkel hob sich wieder an, als ob er sich freuen würde, diese lebenswichtige Entscheidung noch einmal zu durchleben. »Ich musste mich entscheiden«, sagte er und erzählte von den Jahren auf dem Höhepunkt seiner Karriere. Von unvorstellbarem Druck, 18-Stunden-Tagen und viel zu wenig Schlaf. All das gerechtfertigt durch die besten Weine, die saftigsten Steaks, die teuersten Zigarren und die schönsten Frauen. Es gab viele Freunde, aber wenig Freundschaft. Lautes Lachen, aber keine Freude. Perfekte Sauberkeit und Eleganz, trotz tiefstem Schmutz. »Nicht jeder ist dafür bestimmt, ein Teil deiner Zukunft zu sein. Ich vermisse keinen einzigen der Menschen von damals, sie mich sicher auch nicht. Wenn du aufhörst, falsche Freundschaften zu verfolgen, und anfängst, dich mit dir selbst anzufreunden, wirst du deine eigene Gesellschaft genießen lernen, während die richtigen Menschen endlich den Weg zu dir finden. Auch wenn es oft weh tut, sich von Menschen zu trennen – vergiss nicht, deine dunkelsten Tage machen dich besonders. Das Leben passiert für dich, Amigo, nicht gegen dich.«

Robs Kerze – sein Lebenslicht – brannte damals schneller, als er jemals gedacht hätte. Er erzählte von einer Routineuntersuchung bei seinem Hausarzt. Der Arzt sagte damals zu ihm: »›Herr Boyd‹, und Jason, Amigo, ich werde nie vergessen, wie er mir dabei über seine Lesebrille hinweg tief in die Augen schaute, ›Sie können unmöglich so weitermachen. Entweder der Job oder Ihre Gesundheit!‹« Es wurde für einen Augenblick ruhig zwischen mir und Rob. »Ich habe sofort eine Reise gebucht, drei Wochen Hawaii. Kahului, weg von allem. Wenn du etwas willst, was du noch nie hattest, musst du etwas tun, was du noch nie getan hast. Ich wollte Ruhe. Also musste ich aufhören, mich so zu verhalten, als ob ich zwei Leben hätte. Ich musste weg von allen Kollegen, den Meetings, den schicken Abendessen, den exklusiven Partys.«

Rob sah mich mit seinen glasklaren blauen Augen an und sprach weiter: »Ich musste über das nachdenken, was der Doc mir gesagt hatte. Also mietete ich mir eine kleine Hütte am Strand und nahm mir zum ersten Mal Zeit für mich. Ich musste weg. Du kannst dich nicht am gleichen Ort wiederfinden, an dem du dich verloren hast. Die Suche musste aufhören, denn es geht im Leben nicht um das Suchen, sondern um das Entscheiden und das Erschaffen.« Ich konnte sehen, wie Rob innerlich leuchtete, als er mir von seiner Zeit am Strand von Kahului erzählte. Er gelangte an einen Ort, dessen Mystik, unbändige Natur und uralte Traditionen auch mich schon immer fasziniert hatten. Er erzählte von den

Menschen, die er traf, junge einheimische Surfer. Mit den ersten Sonnenstrahlen kamen sie täglich zum Strand, stundenlang surften sie die größten Wellen der Welt. Im Einklang mit der Macht der Meere, frei von Zeit und Druck. Rob genoss die Freundlichkeit, die Lockerheit, die Wärme und den ganz neuen Blick auf das Leben, den er von diesen Surfer-Jungs lernte.

»Fast alles funktioniert wieder, wenn du kurz mal den Stecker ziehst«, sagte er und erzählte mir von der Sprache des Meeres: »Das Rauschen der Wellen spricht zu dir und jeder Wassertropfen birgt die Geheimnisse des Ozeans. Wilde Meere wühlen das Herz auf, inspirieren endlose Fantasien und füllen das Leben mit Freude. Das zeigten mir die einheimischen Surfer, ohne dabei Worte zu sprechen. Sie brauchten nicht viel, um erfüllt zu sein. Und das bisschen, was sie hatten, teilten sie mit mir, weil sie merkten, dass ich arm war – vor lauter Reichtum. Vor einer großen Welle sind wir alle gleich, und sie kommt immer, egal wer du bist. Du kannst sie nicht anhalten, aber du kannst lernen zu surfen.«

In dieser bezaubernden Lebenswelt fing Rob an, sich wieder lebendig zu fühlen. Er entdeckte die wahre Freude, die Neugier und das echte Glück. »Es war, als wenn eine innere Stimme mir gesagt hätte, dass ich an einem Ort wie diesem leben musste und dass ich viel weniger brauchen würde, als ich dachte, um wirklich frei zu sein und das wiederzufinden, was ich im Leben verloren hatte. Zum ersten Mal entschied ich befreit von beengender Logik ganz intuitiv, aus der Freiheit des Herzens und nicht rational. Ich verkaufte alles, was ich besessen hatte – und bereise seitdem die Welt. Ich surfe. Ich genieße. Ich habe nichts außer meinem Surfbrett und den Dingen in meinem Rucksack. Ich bin so glücklich wie noch nie zuvor in meinem Leben.

Ich habe wiedergefunden, was vergessen war. Mein Dasein ist so viel leichter, seit ich die Wellen des Lebens zu surfen gelernt habe. Menschen denken immer, dass Leben ist ein Kampf. Sie schwimmen gegen Wellen, jeden Tag. Seit ich losgelassen habe, trägt mich die Strömung. Ich vertraue dem Leben, meinem Herz, dem Gefühl. Das ist mein neues Leben«, sagte er und sein Blick wanderte dabei zufrieden an sich herunter, über die Jeans zu den Flipflops und seinen gebräunten Füßen. Die endlosen Strände und das klare Wasser hatten seine Gedanken gereinigt und sein Herz geweckt. Er hatte schon vorher die ganze Welt bereist, aber noch nie zuvor ihre wahre Schönheit erkannt.

Ich war fasziniert. Dieser Exwerbemogul-Surfer-Hippie wühlte etwas in mir auf. »Wie kannst du glücklich sein, ohne etwas zu besitzen?«, fragte ich sofort. »Woran erfreust du dich?« »Die schönsten Dinge im Leben sind keine Dinge, Jason. Echtes Glück kommt von innen nach außen, nicht von außen nach innen.« Dieser Satz schoss wie ein Pfeil in meine Brust. Ich fühlte mich ertappt von einem Menschen, den ich gar nicht kannte. Gleichzeitig erinnerte mich sein Gedankengang aber auch an die zahllosen Gurus, Motivationstrainer und Wunderheiler, die ich aus dem Fernsehen kannte. Ich war skeptisch und doch interessiert. Seine Worte trafen Stellen in mir, die schon lange nicht mehr berührt worden waren.

»Doch wie funktioniert Glück von innen nach außen?«, fragte ich. Offensichtlich hatte Rob wiedergefunden, was die steile Karriere seine Seele hat vergessen lassen. Er hatte ein neues Leben angefangen, voller Harmonie und Wahrheit, voller Glück und Erfüllung von innen. »Ah, es gibt nichts, was so leicht und gleichzeitig so schwer ist wie das Glück von innen«, sagte er. »Alles, was du brauchst, um echtes Glück von innen zu spüren, hast du bereits in dir. Dir fehlt nichts. Du musst dich nur daran erinnern, wie dein Glück funktioniert.«

»Wie Glück funktioniert?«, erwiderte ich sofort. »Glück ist doch keine Mechanik!« »Dein eigenes Glück zu finden, ist eine Fähigkeit. Wenn du sie beherrschst, funktioniert sie – immer. Du kannst dein Glück kreieren, selbst und jederzeit. Das Gefühl, wenn du jemandem hilfst, wenn du ehrlich bist, wenn du dein Bestes gibst und etwas Neues lernst, wenn du dich ehrlich entschuldigst oder jemandem in die Augen schaust und sagst, wie sehr du diese Person liebst – das ist echtes Glück, Jason, und das kannst du jederzeit haben. Es ist das Gefühl, das durch deine Handlungen ausgelöst wird. Nicht das Gefühl, das durch deine Anschaffungen ausgelöst wird. Diese beiden Gefühle werden oft verwechselt, weil du dir wahres Glück vorstellst, wenn du über deine materiellen Wünsche nachdenkst – ein Trugschluss! Erst wenn du die Anschaffung dann tatsächlich gemacht hast, spürst du den Unterschied und verstehst, dass dir echtes Glück verwehrt geblieben ist.«

Noch 6:18 Stunden bis zum Abflug

Wir schwiegen eine Weile. Ich war gefesselt, ich wusste genau, worüber er sprach: jedes Auto, das ich mir jemals gekauft hatte, meine schwere silberne Uhr, die ich letzten Sommer in Rom erstanden hatte, die teure Designerkleidung. Der Wunsch, diese Dinge zu besitzen, hatte mich immer glücklicher gemacht, als sie tatsächlich zu besitzen. Ich verstand, dass echtes Glück ein Gefühl war, das ich auf meine materiellen Wünsche projizierte. »Ja«, sagte ich leise immer wieder vor mich hin. »Ja.« Und plötzlich erfasste mich eine Grundsatzfrage: »Wenn sich jeder Mensch selber glücklich machen kann, warum sind dann so viele Menschen unglücklich?« »Sehr gute Frage, Amigo!«, sagte Rob und antwortete mit ruhiger Stimme: »Das Leben belohnt den Mut der Menschen. Um wirklich glücklich zu sein, musst du wirklich mutig sein. Du musst den Mut besitzen, die Wahrheit zu sagen, auch dem zu vergeben, dem es nicht einmal leid tut. Den Mut, Menschen zu helfen, auch wenn sie dir niemals helfen können. Den Mut, deine Maske abzunehmen, echte Emotionen zu zeigen, an Liebe zu glauben und nicht an Angst.

Im Leben gibt es doch eigentlich nur Liebe oder Angst. Wenn du den Mut hast, dich für Liebe zu entscheiden, wirst du immer glücklich sein. Jedes böse Wort verliert sofort seine Kraft, wenn du an Liebe glaubst. Egal in welcher Religion oder Philosophie, alle Meister jeder Zeit kannten dieses Geheimnis und liebten voller Mut, obwohl Angst allgegenwärtig war. Sie liebten ihre Mörder und ihre Verräter. Liebe machte sie unsterblich. Wer den Mut hat zu lieben, wird immer glücklich sein. Und leider, Jason, sind die wenigsten wirklich mutig. Traurig ist, dass wenige selbst schuld daran sind.«

»Wie meinst du das?«, fragte ich und reflektierte über mein eigenes Leben, über Momente, in denen ich nicht ganz offen war, auch eine Art Maske trug, hinter der ich meine Unsicherheiten versteckte, Angst anstatt Liebe lebte und mir damit mein Glück verwehrte.

Rob erzählte von der Gefahr, die Person zu werden, hinter deren Maske man sich jeden Tag versteckt. »Wir werden zu der Person, die wir vorgeben zu sein. Es kommt der Zeitpunkt, an dem wir diese Maske nicht mehr abnehmen können, ohne dabei auch etwas Haut mit abzureißen. Der Mut muss größer sein als der Schmerz, aber das falsche Umfeld kann den Mut eines Menschen zerstören. Die Kindheit. Der Einfluss der Gesellschaft. Die Werbung, die den Menschen ständig zeigt, wie sie aussehen müssen, was sie tragen müssen, welche Autos sie fahren müssen, um glücklich zu sein. Eine ewig fortlaufende Geschichte aus falschen Versprechungen. Der Mut, da auszusteigen, die eigene Rolle abzulegen und zu lieben, das ist der erste Schritt zurück zum Glück. Schau mich an: Ich hatte alles. Aber ich habe noch nie in meinem Leben so viel Mut aufbringen müssen wie für die Entscheidung, alles wegzugeben und neu anzufangen – mit echtem Glück als Ziel. Es war der wichtigste Schritt meines Lebens.

Dein Glück im Leben wird durch das Glück bestimmt, was du anderen gibst durch deinen Glauben an die Liebe.

Und du musst bei dir selbst anfangen. Du musst zurückfinden zu deinem echten Glück. Dich selbst wieder lieben lernen. Dann erst kannst du andere glücklich machen. Dann erst kannst du andere lieben. Nur die Hand, die gibt, kann auch etwas annehmen. Echter Charakter zeichnet sich durch das aus, was du für Menschen tust, die nichts für dich tun können. Du bekommst niemals das, was du willst, aber immer das, was du gibst.«

Ich fühlte mich, als wüsste ich genau, wovon Rob sprach, obwohl ich seine Worte so noch nie gehört hatte. Es war, als würde er mir Wahrheiten aufzeigen, die ich bereits kannte, ohne sie je zuvor gehört zu haben. Jetzt war ich wirklich interessiert.

»Wie genau kann ich Glück von innen lernen? Gibt es Techniken?«, fragte ich Rob.

»Lebe, um zu geben – das ist alles, worum es hier geht! Ich lernte während meiner Zeit in New York, dass man sich wirklich leer fühlen kann, auch wenn man offensichtlich alles hat. Es war, als hätte ich Löcher in mir.«

Ich wusste genau, wovon er sprach. »Jeder Mensch hat diese Löcher in sich, Jason. Angst, Trauer, Einsamkeit, Unsicherheit. Diese Löcher kannst du aber niemals von außen füllen. Glaub mir, ich habe es versucht. Mit Geld, Sex, Macht, Autos, Kleidung, Drogen, Medikamenten – es funktioniert nicht, es macht die Löcher nur noch größer. Ich sehe Menschen, die ihren Beruf hassen, die sich Geld leihen, um Dinge zu kaufen in der Hoffnung, dass sie glücklich werden. Und weil sie sich Geld geliehen haben, sind sie gezwungen, noch härter, noch länger zu arbeiten, in einem Beruf, den sie dann noch mehr hassen als vorher. Geld besteht aus Zahlen und Zahlen haben kein Ende. Wenn du in Zahlen nach Glück suchst, wird deine Suche niemals enden. Und ein materieller Wunsch, der erfüllt wird, verschwindet nicht. Er wird durch einen neuen Wunsch ersetzt. Ein Weg ohne Endpunkt, der wahres Glück in immer weitere Ferne rücken lässt, obwohl du dir nichts sehnlicher wünschst, als endlich anzukommen und deine Träume zu leben. Das tut wirklich weh.«

»Wie kann man denn von diesem endlosen Weg abkommen? Wie hast du das geschafft? Wie hast du deine Löcher gefüllt?« Rob schaute auf und sagte sanft: »In dem ich anderen Menschen dabei helfe, ihre Träume zu leben, lebe ich das Leben meiner Träume. Gib, teile, freue dich an der Freude und am Erfolg anderer! Schenke Menschen jeden Tag die Kraft deiner ehrlichen Nettigkeit! Und sofort schenkt dir deine Seele die Heilung deiner tiefsten Schmerzen. Die Welt ist voll guter Menschen, Amigo, und wenn du keine finden kannst, sei selbst einer. Wenn du dich nicht selbst glücklich machen kannst, mach jemand anderen glücklich, und der Rest passiert von ganz allein. Immer dann, wenn du in wahrem Einklang mit deiner Persönlichkeit Entscheidungen triffst, wachsen deine Selbstachtung und dein Stolz. Du brauchst dazu nichts außer dein reinstes Wesen und dein Herz.«

»Kannst du mir bitte noch etwas genauer erklären, was ich tun kann, um mehr Selbstachtung durch meine Entscheidungen zu bekommen? Ich glaube, ich verstehe es noch nicht ganz, Rob.«

»Lächele fremde Menschen an, Amigo.«

»Was?«, fragte ich ungläubig. »Das kann doch nicht reichen, um meine Unsicherheiten und Ängste zu ändern. Das klingt zu einfach.«

»Viele Dinge, die Menschen glücklich machen, sind einfach, aber das heißt nicht, dass sie automatisch getan werden. Oft sind es vor allem die einfachen Dinge, die vernachlässigt werden. Wünschst du dir nicht oft, du hättest die Möglichkeit, jemanden ein zweites Mal zum ersten Mal kennenzulernen? Ehrliche Nettigkeit zu zeigen, führt dazu, eine echte menschliche Verbindung zu spüren. Im Grunde sind wir doch alle gleich, Amigo. Dieselbe Sonne wärmt unsere Haut und wir atmen die gleiche Luft. Je mehr Verbindung du spüren kannst, desto mehr ehrliche Achtung und Mitgefühl kannst du schenken und zurückbekommen. Frag dich ehrlich: Wann hast du das letzte Mal jemanden Fremdes angelächelt, Jason?«

Er hatte recht. Ich nahm die fremden Menschen in meinem Umfeld schon lange nicht mehr wirklich wahr, und schon gar nicht lächelte ich sie an. »Versuch es mal!«, sagte Rob, wieder mit seinem leichten Grinsen und dem angehobenen Mundwinkel. »Es ist egal, wen du aussuchst, aber lächle ehrlich! Wie andere sich in deiner Gegenwart fühlen, sagt viel mehr über dich aus, als du denkst.«

Und plötzlich wurde ich nervös. Ich fühle mich beobachtet. Ich verstand jetzt, was Rob meinte, als er sagte, dass es Mut erfordert, Dinge zu tun, die so einfach scheinen. Es wäre leichter gewesen, niemanden anzulächeln und mein Umfeld einfach zu ignorieren, so wie sonst auch. Aber ich vertraute Rob und sah mich am Gate C30 um. Alle Fluggäste von Flug 0691 saßen um uns herum. Es war ein gemischtes Bild: Geschäftsleute, Familien, junge und alte Menschen. Mein Blick blieb bei einer älteren Dame hängen, sie sah nett aus. Sie schien zu bemerken, dass ich sie ansah, und unsere Blicke trafen sich. Ich spürte ganz deutlich, fast körperlich, dass wir uns ansahen. Ein sehr intensives Gefühl, das ich lange nicht mehr gespürt hatte. Ich war wirklich nervös. Ich atmete tief ein – und lächelte sie an. Was geschah, war unbeschreiblich. Ich konnte wie in Zeitlupe sehen, wie mein Lächeln sie traf und wirklich überraschte. Sie freute sich und lächelte zurück. Wir hatten zusammen eine ganz einzigartige Energie der Freude und des Glücks erschaffen, die uns gegenseitig zufloss. Wir haben in diesem Augenblick gemeinsam unser eigenes Glück kreiert.

Ich war überwältigt. Unsere Blicke trennten sich und ich war tief berührt. Ich war froh, voller Euphorie. Ich hatte etwas gegeben, Mut bewiesen und echtes Glück zurückbekommen. Rob schaute mich an und sagte mit einem breiten Grinsen: »Gut, Amigo, du lernst schnell! Glück zu kreieren, ist eine der wichtigsten Lektionen deines Lebens und dabei viel simpler, als du denkst. Ein Lächeln kann eine Freundschaft starten, ein Wort kann einen Streit beenden, ein Blick kann eine Beziehung retten und ein einziger Mensch kann dein Leben verändern.

Noch 6:10 Stunden bis zum Abflug

Ich konnte nicht aufhören zu lächeln. Ich fühlte mich glücklich, wach, voller Freude und Tatendrang. Ich wollte unbedingt mehr erfahren und verstehen, was grade mit mir passierte. Normalerweise würde ich mich jetzt mit dem Wirtschaftsteil der Tageszeitung oder mit den Kalkulationen meines anstehenden Meetings beschäftigen, aber ich war gebannt und fasziniert von der Geschichte dieses Mannes und dem Wandel, den sein Leben am Strand von Kahului gemacht hatte. Was für eine unglaubliche Entwicklung! Ich konnte nicht aufhören, mir vorzustellen, wie die Geheimnisse, die Rob an den Küsten von Hawaii von diesen einfachen Surfern gelernt hatte, auch mein Leben beeinflussen könnten. Je besser ich mich fühlte, desto deutlicher verstand ich, dass ich lange Zeit weit weg gewesen sein musste – weit weg von meiner Leidenschaft und echter Freude.

»Ich fühle mich wahnsinnig gut, Rob. Gibt es noch mehr Techniken, die genau so effektiv sind?« Jetzt lachte Rob nicht mehr nur mit dem hochgezogenen Mundwinkel, sondern er grinste breit und freute sich an meinem Glück. Er nickte und sagte: »Amigo, es gibt noch viele andere Techniken und ich zeige sie dir gern. Du musst mir nur eine Sache versprechen: Erzähl anderen Menschen von allem, was du hier heute lernst. Diese Techniken helfen, sie machen glücklich, sie schenken Freude. Sobald du sie kennst, ist es deine Pflicht, sie zu teilen, so werden sich immer mehr Menschen an ihnen erfreuen können!« »Okay, versprochen, Rob!«, sagte ich schnell und überlegte sofort, wem ich alles von Rob und seiner Geschichte erzählen könnte. Ich kannte unzählige Menschen, die sich über mehr Glück in ihrem Leben freuen würden – und es vor allem nötig hätten. Ich merkte ganz deutlich, wie Rob meine Begeisterung spürte. Er verstand, dass ich mehr erfahren wollte über all das, was er auf seiner Reise gelernt hatte.

»Gib mehr, als jeder von dir erwarten könnte«, sagte er. »Wie meinst du das?«, fragte ich. Ich war unsicher. »Ich spreche von selbstlosem Geben, Amigo. Wenn du mehr, als du sonst geben würdest, gibst und nichts zurückverlangst, dann bist du wirklich frei. Löse dich vom Wunsch, vieles besitzen zu wollen. Entspanne dein Verlangen und werde frei für echtes Geben.« »Ich glaube, ich kann dir nicht ganz folgen, Rob. Wie genau geht echtes Geben?« »Amigo, erinnere dich an Momente, in denen du aus ganzem Herzen jemandem etwas gegeben hast. Ein Geschenk, ein Trinkgeld, ein nettes Wort, eine helfende Hand, ein Lächeln – so wie der alten Dame gerade eben. Dieses Gefühl zeigt dir, wie echtes Geben sich anfühlen muss. Suche nach diesem Gefühl, finde es in den Dingen, die du tust, entscheide dich bewusst dazu, mehr zu geben, als jeder von dir erwarten könnte – und dieses unbeschreiblich schöne Gefühl wird deine Tage ganz besonders machen.«

Seine Worte erinnerten mich an unzählige Situation, in denen ich mehr hätte geben können. Als ich darüber nachdachte, warum ich es nicht getan hatte, fielen mir Robs vorherige Gedanken ein: Mir fehlte anscheinend der Mut. »Ist es möglich, dass Menschen aus Angst weniger geben, als sie könnten, Rob?«, fragte ich und wusste sofort, dass Rob verstanden hatte, dass es bei dieser Frage nicht um irgendwelche Menschen, sondern um mich ging. »Natürlich, Amigo!«, sagte er laut. »Allein die Art und Weise, wie du diese Frage gestellt hast, zeigt, wie groß die Kraft der eigenen Angst sein kann. Deine Angst beeinflusst deine Worte, deine Handlungen, deine Träume und damit all dein Glück. Solange du dich nicht mit deinen eigenen tiefsten Schatten konfrontierst und sie erhellst, wirst du immer auch nur Dunkelheit in anderen sehen, weil die Welt um dich herum immer auch nur eine Reflexion der Welt in dir selbst ist. Wer mutig ist, sieht das Licht und lebt ein Leben ohne Maske!«

»Du redest immer wieder von der Maske«, sagte ich. »Menschen, denen der Mut fehlt, tragen also alle eine Maske?« »Ja, Amigo, die meisten Menschen tragen die Maske der Angst. Schau dich um«, sagte er und lud mich dazu ein, meinen Blick über das Gate C30 und die angrenzende Flughafenhalle schweifen zu lassen. Ich sah Menschen, ich sah Bewegung, Dynamik, Stress, aber nur sehr wenig echte Interaktion. Jeder bewegte sich in seiner Spur. Ob ich wohl auch so aussehe, wenn ich über die Flughäfen dieser Welt eile? Wahrscheinlich. Alle wollen etwas Großes machen und übersehen dabei, dass die Welt aus den kleinen Dingen besteht. »Überall sind Masken, Amigo. Teure Anzüge, Kleidung, Fassaden, Jobtitel, Visitenkarten. Menschen verstecken sich hinter Masken aus Schnelligkeit, Masken aus Desinteresse, Egoismus und Härte. Das Ziel dabei ist es, das tiefste Innere zu schützen – vor

Verletzung, Spott und Häme. Aber das tiefste Innere birgt das wahre Glück. Die Verkleidung, die Maske der Menschen schützt die Seele – auf Kosten der Authentizität.«

Ich erkannte mich in seinen Worten wieder. Das professionelle Leben, das ich mir aufgebaut hatte, dieses Schauspiel aus Macht und Prestige, aus Anzügen und teuren Restaurants – es war nicht echt. Meine Kollegen und ich, wir sprachen in Floskeln, wir öffneten uns nie wirklich voreinander. »Hast du schon mal einen deiner Arbeitskollegen zu Hause gesehen? Bei seiner Frau, bei seinen Kindern?« »Ja, letzten Monat noch, bei der Hochzeit des noch sehr jungen Human-Resources-Managers Ryan!«, erinnerte ich mich. »Und wie war Ryan? Ähnlich wie auf der Arbeit?« Ich dachte kurz nach und erinnerte mich an die ausgelassene Stimmung, daran, wie wir laut gelacht und wirklich Spaß gehabt hatten. »Nein«, sagte ich. »Er war anders. An diesem Abend war er wie ein anderer Mensch!« »Die Maske fällt, wenn wir glücklich sind, wenn wir uns sicher fühlen, Amigo. Wenn wir haltlos tanzen und laut singen. Wenn wir zusammen sind mit Freunden, mit der Familie, wenn wir allein sind. Dann leben wir unser authentisches, echtes Leben.

Das große Problem ist, dass Menschen immer noch denken, sie müssten im Job ihre Maske aufsetzen, um erfolgreich zu sein, um hart zu wirken und respektiert zu werden. Es ist dabei oft einfacher, so zu tun, als würde man keine Emotionen spüren, auch wenn sie ganz deutlich zu einem sprechen. Die Wahrheit ist: Du wirst dann wirklich respektiert, wenn du du selbst bist. Wenn deine Maske fällt, wenn du verletzlich bist. Du wirst dann glücklich, wenn du echte Emotionen zeigst. Nur wer echte Emotionen zeigt, kann echte Emotionen spüren. Um ein Ei zu essen, musst du immer erst die Schale aufbrechen.«

Ich war gefesselt von jedem Wort, das Rob, der CEO-Surfer, hier am Gate C30 von sich gab. Ich musste mehr erfahren. Ich hatte das Gefühl, dass jede neue Frage eine ganz eigene Welt aus neuen Erkenntnissen eröffnete. »Warum ziehen wir dann immer wieder eine Maske an? Warum bleiben wir nicht bei unserem authentischen, besten Ich?« »Siehst du den Jungen da drüben, Amigo?« Rob zeigte auf ein Kind, etwa fünf Jahre alt. Der Junge spielte am anderen Ende des Gate C30, direkt an der großen Fensterfront, durch die Rob eben noch auf das Rollfeld in die Sonne geschaut hatte, nahe dem Café, in dem ich eben noch meinen Kaffee getrunken hatte. Der Junge sang, tanzte, kletterte auf den Stühlen herum und wirkte überglücklich. Allein mit sich und seiner Fantasie.

»Er ist völlig authentisch, voller Freude und Glück. Seine Gedanken sind rein, sein Herz ist pur. Dieses Kind haben wir alle in uns. Aber schon bald wird dieser Junge in die Schule kommen. Wird immer wieder zu hören bekommen, dass er still sitzen muss, um erfolgreich zu sein. Seine Fantasie wird durch vorgefertigte Bewertungsmuster gepresst und damit zerstört. Seine Körperlichkeit, seine Empathie, sein Herz, seine Freude – all diese Dinge haben keinen Platz in der Welt, auf die er vorbereitet wird. Erst lernen, dann spielen. Das Feuer in diesem Jungen wird langsam erlöschen. Das Funkeln in seinen Augen wird stumpf werden. Er wird vergessen haben, wie er heute hier am Flughafen voller Freude und Furchtlosigkeit sein bestes Leben gelebt hat. Schon bald wird er eine Maske tragen, Amigo, so wie die meisten anderen auch.

In jedem steckt dieses Kind, aber wir müssen uns daran erinnern und den Mut haben, die Maske runterzunehmen. Das Kind in uns durchscheinen zu lassen. Den Moment zu genießen. Kurz Pause zu machen. Für einen Augenblick nicht immer nur nach vorn zu gehen, sondern kurz stehenzubleiben und das Kind in uns lachen zu hören. Diese Sekunden haben das endlose Potenzial, andere Menschen glücklich zu machen, um uns selbst glücklich zu machen. Wenn du es richtig machen willst, musst du mit jedem Jahr jünger werden, das Kind wiederfinden. Es gibt Seelen, die mit 20 Jahren alt und mit 75 jung sind. Zeit und Erfolg sind Konzepte, die Menschen erfunden haben. Kinder werden mit glasklarer Reinheit, furchtlos und voller Träume geboren. Die ersten 20 Jahre ihres Lebens werden sie gezwungen, das alles wieder zu vergessen und zu vergraben, ihre Maske zu entwickeln. Wir sollten die nächsten 20 Jahre damit beschäftigt sein, diese Reinheit und die unbändige Furchtlosigkeit, die riesigen Träume und die ehrliche Liebe wiederzufinden. Das Leben ist eine Reise, die dich zurück nach Hause führt.«

Schon wenige Wochen nachdem Rob angefangen hatte, seine neu gelernten Prinzipien umzusetzen, spürte er ganz deutlich, wie er zu sich selbst zurückfand und zu echtem Glück, körperlicher Stärke, mentaler Gesundheit, unbändiger Kreativität. Seine innere Entwicklung war auch äußerlich sichtbar, weil er sein ganzes Leben verändert hatte. Er hat mit aller Kraft und Mut am Baum des Lebens gerüttelt, um an die saftigsten Früchte zu kommen. Es war, als wäre er tatsächlich jünger geworden. Der drahtige Körperbau, die straffe Haut, leicht gestreichelt von der Sonne. Das junge Kind in ihm schien wieder hervor und wurde immer deutlicher sichtbar.

»Du sagst also, dass das Leben nicht mit dem Tod enden sollte, sondern mit der Geburt?« Ich war verwirrt, meine Weltanschauung stand auf dem Kopf. »Die Gesellschaft soll schuld sein an der Angst, die die Menschen spüren? Das klingt wie eine Verschwörungstheorie, Rob!« »Angst schafft Struktur und Ordnung, Amigo, das ist schon immer so gewesen. Wenn du etwas verkaufen willst, funktioniert das durch Angst am besten! Die Welt ist auf Angst aufgebaut. Unsere erfolgreichsten Werbekampagnen nutzen die Angst der Menschen. Der teure Anzug, den du trägst, verkauft sich nicht wegen seines tollen Stoffes – ich vermute, du könntest mir nicht mal sagen, was für ein Stoff das ist –, der Anzug verkauft sich durch deine Angst, nicht angenommen zu werden, nicht stark und erfolgreich zu wirken, nicht dazuzugehören, wenn du ihn nicht besitzt.«

Er hatte recht. Ich schaute an meinem Designeranzug herunter und erinnerte mich genau an den Tag, an dem ich ihn gekauft hatte. Mir war damals klar, dass es dieser teure Anzug sein musste. Was sollten sonst meine Kollegen und Kunden von mir denken? Diese Angst trieb mich zum Kauf. Ich reflektierte meinen Alltag und fand plötzlich weitere Bereiche meines Lebens, die durch Angst definiert waren. Meine Art zu delegieren: hart und direkt. War ich nur hart aus Angst, weich zu wirken? Meine Diskussionen mit Lizzy über meine Arbeit und die Tatsache, dass ich so selten zu Hause war: gereizt, ungeduldig und wenig einfühlsam. War es meine Angst, ihr einzugestehen, dass ich nicht glücklich war mit meinem Job, die mich dazu brachte, meine Entscheidungen so stark zu verteidigen? Um recht zu behalten? Um stärker zu wirken – aus lauter Angst, schwach zu werden?

»Wenn du den Mut hast, loszulassen, Amigo, dann verschwinden deine Probleme. Ich weiß, dass es paradox klingt. Wir werden immer dazu erzogen, Glück zu erzwingen, zu erkaufen oder zu gewinnen. Loslassen erscheint falsch, aber Glück kommt durch Gelassenheit.« Ich war berührt und verwirrt zugleich und sagte: »Aber wie soll ich erfolgreich sein, wenn ich gelassen bin? Ich bin sehr ambitioniert, das hat immer dazu geführt, dass ich meine Ziele erreiche. Wenn ich deinem Rat folgen würde, dann würde ich viel langsamer vorwärts kommen und meine Ziele nur noch schwer realisieren.« »Mach deine Freude niemals abhängig vom Ziel, Amigo! Erfreue dich am Weg, an jedem Augenblick und am Menschen, der du auf diesem Weg wirst. Das ist wahre Freude und echtes Glück. Du musst dem Gefühl vertrauen. Vertrauen ist die Basis. Ohne Vertrauen funktioniert kein Geschäft dieser Welt. Ich habe auch aufgehört, weil ich nicht mehr vertrauenswürdig war. Für mich und für andere. Nicht weil ich ein schlechter Mensch geworden war, sondern weil mein Herz nicht mehr ehrlich für die Sache geschlagen hat. Das Herz hat viel mehr Kraft als das Gehirn, Jason.«

»Wirklich? Das kann ich mir überhaupt nicht vorstellen. All unser Handeln ist doch durch unser Gehirn gesteuert.« »Es ist wissenschaftlich bewiesen, dass die elektromagnetischen Wellen, die unser Herz aussendet, viele Tausend Mal stärker sind als alles, was von unserem Gehirn ausgeht, Amigo. Du kannst deutlich spüren, wenn sich jemand ehrlich um dich sorgt, wenn jemand dir echte Liebe schenkt. Ein ehrliches Herz ist spürbar, auch wenn du an einem ganz anderen Ort bist. Das Gehirn kann da nicht mithalten. Egal, wie viel Kraft dein Gehirn besitzt, du kannst echte Gefühle niemals durch hohe Intelligenz ersetzen. Als ich das verstanden hatte, musste ich aufhören. Wenn dein Herz nicht mehr bei der Sache ist, wenn es nicht mehr Teil des Moments, des Augenblicks ist, wird es Zeit zu gehen.«

Als Rob den »Augenblick« ansprach, musste ich aufhorchen. Ich hatte oft über »Gurus« und »Life-Coaches« gelesen, die davon sprachen, wie wichtig der Augenblick sei. »Carpe diem« und so weiter lauten ihre abgedroschenen Leitsprüche und irgendwie hatte mich dieses spirituelle Zeug nie wirklich interessiert. Aber Rob hatte etwas, was mich faszinierte, vielleicht war es sein vergangener Erfolg. Ich vertraute ihm und respektierte ihn, auch wenn ich ihn nicht kannte. »Was tust du, Rob, um glücklich zu sein im Augenblick?« »Sehr gute Frage, Jason!«, sagte Rob und fing an, in seinem Rucksack nach etwas zu suchen. Kurz darauf holte er ein kleines schwarzes Notizbuch hervor und reichte es mir.

Noch 5:53 Stunden bis zum Abflug

Ich öffnete das Buch und schaute auf unzählige Seiten voll mit Notizen, Gedanken, Zeichnungen und eingeklebten Fotos. »Das ist mein Journal. Ich schreibe dort jeden Tag alles auf, was mich bewegt«, erklärte mir Rob. »Es hilft mir, nicht den Augenblick zu vernachlässigen, weil ich ihn täglich reflektiere.«

Ich wollte unbedingt mehr darüber erfahren. »Wie reflektierst du vergangene Augenblicke und was genau schreibst du in dieses Journal?«, fragte ich Rob.

»Ich beantworte mir täglich selbst ein paar Fragen. Das hilft mir, glücklich und erfüllt zu leben, weil ich lerne, die Geschenke des Lebens und die besonderen Augenblicke wirklich zu genießen und mich bewusst an ihnen zu erfreuen. Das ist, als würde ich mir selbst etwas zuflüstern und gleichzeitig zuhören.« Rob sprach von der Fähigkeit, sein Ohr auf die eigene Seele legen zu können, um zu hören, was dort geschieht – eine Reise ins Innerste. »Jeden Morgen stelle ich mir also selbst ein paar Fragen. Ein ehrliches Gespräch mit sich selbst, ein einziger Moment echter Einsicht, ist oft mehr wert als ein Leben voll fremder Ratschläge.«

Rob eröffnete mir eine weitere Technik, die er für seine persönliche Transformation genutzt hatte, und nannte mir ein paar seiner speziellen Fragen, die ihm dabei halfen, den Augenblick wertschätzen zu können, weniger Druck und Sorge zu spüren und die reißende Schnelllebigkeit des Alltags einfach anhalten zu können: Wofür bin ich dankbar?

Worauf bin ich stolz? Was begeistert mich? Wen liebe ich und wer liebt mich? Wofür stehe ich? Wem kann ich heute helfen? Welche Angst werde ich heute überwinden? Was kann ich heute tun, wofür ich mir morgen selbst danken werde?

»Diese Fragen helfen mir, die wirklich besonderen Augenblicke des Tages zu erkennen und ganz bewusst zu erleben«, sagte Rob. »Schon ganz früh am Morgen, wenn dein Wesen noch wirklich rein und ausgeruht ist, schenken dir die richtigen Fragen den richtigen Weg für den Rest deines Tages. Noch bevor ich aufstehe, frage ich mich zum Beispiel, für welche Menschen ich besonders dankbar bin. Ich sehe sie dann vor meinem geistigen Auge, mit jedem Atemzug, mit sehr viel Ruhe, erscheint einer nach dem anderen. Ich freue mich an ihnen, als wenn sie da wären. Ich sage diesen Menschen auch ganz bewusst immer wieder, dass sie Teil meiner täglichen Dankbarkeitsgedanken sind. Was gibt es Schöneres, als das zu hören, Amigo?«

Ich war erneut gefesselt. Schon die Gedanken an nur ein oder zwei dieser so einfachen und trotzdem kraftvollen Fragen führten meinen Kopf auf eine Reise an Orte, die ich vorher nie gekannt hatte. Die Jahre voller Logik, Analyse, Optimierung, wohl überlegter Sätze und mit einer sehr gut funktionierenden Rolle, die ich zu spielen gelernt hatte, hatten mich offensichtlich ganz davon abgehalten, auch über mich selbst und all das nachzudenken, was gut war in meinem Leben. Meine Emotionalität war stumpf und meine Fantasie war viel kleiner, als ich sie jemals in Erinnerung hatte. Schon ein kurzer Gedanke an die Dankbarkeit, von der Rob sprach, änderte alles.

»Dankbarkeit verwandelt. Es geht dabei vor allem auch darum, Dinge zu finden, die für viele Augen unsichtbar sind«, sagte Rob und sprach davon, wie er an den endlosen Stränden von Kahului gelernt hatte, in alltäglichen Dingen die Geschenke zu entdecken. Die jungen Surfer, die er traf, konnten selbst in scheinbar negativen Dingen das Positive sehen. »Diese Jungs waren nicht frustriert, weil sie nach einem gemeinsamen Abendessen aufräumen mussten, sie freuten sich, dass sie Freunde hatten. Sie waren nicht unzufrieden, weil sie Steuern zahlen mussten, sondern glücklich und dankbar für die Möglichkeit, einen Beruf ausüben zu können.« Rob sprach von den kleinen Dingen des Lebens, die im Alltag als selbstverständlich verstanden werden, obwohl sie große Wunder sind, die geduldig darauf warten, gesehen zu werden.

Robs Gedanken zur Dankbarkeit waren sehr berührend, aber ich hatte Schwierigkeiten, einen richtigen Zugang zu seiner Perspektive zu finden. Viel zu oft hatte ich das Gefühl, überhaupt nicht wirklich glücklich und dankbar sein zu können – selbst bei offensichtlich großen und wichtigen Gelegenheiten. »Warum ist es oft schwer, dankbar zu sein, Rob?«, wollte ich jetzt also wissen.

Rob erzählte mir von verschiedenen psychologischen Mustern, die er als Spezialist für Werbung und Marketing bis ins kleinste Detail kennen musste, um in seiner Zeit als Marketingmanager-Megastar die effektivsten Kampagnen und

Strategien zu entwickeln. »Es gibt ein paar Hauptgründe«, sagte er und sprach zunächst vom Phänomen der angepassten Erwartungen. Eine Art psychologische Adaptation an immer neue Situationen, die Besonderheiten in Normalität verschwinden lässt. »Ansprüche ändern sich, wenn sich Konditionen verändern, Amigo. Erinnere dich an Tage, an denen du dir all das gewünscht hast, was du heute schon hast. Was damals für dich echter Luxus war, ist heute normal.« Sofort dachte ich an mein erstes Auto. Eine alte dunkelgrüne Rostlaube mit einem lachenden Delfin auf dem Nummernschild. Sogar die Sitzpolster waren aufgerissen, aber dieses Auto war damals mein ganzer Stolz. Heute war die richtige Temperatur der Klimaanlage das größte Problem meiner tiefschwarzen Luxuslimousine. »Reiche Menschen, die sich arm fühlen, gewöhnen sich mit jedem weiteren Einkauf an einen Berg, der keine Aussicht schenkt. Sie vergleichen sich immer mit anderen – ein endloses Spiel, das keinen Sieger hat«, sagte Rob und fügte dann hinzu, dass es genau dieses Gefühl der Normalität und Selbstverständlichkeit sei, das die Menschen oft noch unglücklicher macht.

»Viele Menschen sind wirklich allein, Amigo. Sie gehören zur reichsten Generation aller Zeiten, sind gegen alle Eventualitäten versichert – und sind kaum abhängig voneinander. Diese Unabhängigkeit, dieses Leben in kleinen Appartements, ganz allein, ohne echte Verbundenheit, senkt das Interesse an einer wahren Gemeinschaft. Menschen sehen Gesundheit, Freunde, ihren Beruf und ihre Sicherheit als selbstverständlich an und riskieren damit, die ehrlichste

Form der Freude und Dankbarkeit zu verlieren.« »Gutes für andere Menschen zu tun«, sagte ich leise. »Sie sind unzufrieden mit dem, was sie haben, weil es sich normal anfühlt und andere mehr besitzen. Deshalb können sie auch nichts geben. Sie haben ja nicht genug. Nur wer zufrieden ist, wer genug hat, kann auch etwas geben«, erklärte mir Rob.

»Was schreibst du noch in dein Journal«, fragte ich ungeduldig, »und was hat es mit den Fotos auf sich, die in deinem Journal kleben?« Rob öffnete das kleine schwarze Buch. Auf den ersten zwei Seiten stand links eine Liste von Worten und kurzen Sätzen, rechts klebten viele Fotos, wie eine Art Collage. Ich erkannte einen weißen Strand, die Aussicht von einer Dachterrasse über bunte Felder und einen endlosen blauen Himmel, eine Allee aus Olivenbäumen, hohes Gras im Wind. Das Foto erinnerte mich an die Landschaft und ein Ferienhaus in der Toskana, wo ich als Kind mit meinen Eltern oft den Sommer verbracht hatte. Die Farben waren so satt, es war, als wenn die Fotos leben würden. Ich sah Bilder von roten Sonnenuntergängen, vom hellblauen Meer und von einer lachenden Familie.

»Amigo, die ersten zwei Seiten meines Journals sind meine Basis, meine Konstante. Hier stehen meine Werte und meine Ziele – nebeneinander, denn Ziele ohne Werte sind wertlos.« »Wie meinst du das, Rob? Ich habe immer große Ziele gehabt und habe sie immer noch. Woher weiß ich, dass sie nicht wertlos sind?« »Deine Ziele müssen mit deinen Werten übereinstimmen. Wenn du zum Ziel hast, einen teuren Sportwagen zu besitzen, und einer deiner Werte Bescheidenheit lautet, dann ist das Ziel wertlos. Werde dir darüber klar, was deine Werte sind, wofür du stehen willst, woran du glaubst und welche Eigenschaften dich beeindrucken und begeistern. Frag dich, was du gern über dich hören würdest, wie du selbst über dich denken willst, wenn du in den Spiegel schaust und nachts, kurz bevor du deine Augen schließt. Diese Eigenschaften schreibst du auf die erste Seite deines Journals und schaust sie dir jeden Morgen und jeden Abend an. Ich bin ein sehr visueller Mensch. Wenn du keine klare Vision hast, wird deine Realität immer von der Sichtweise anderer Menschen beeinflusst werden. Und sobald deine Werte für dich klar sind, kannst du deine Ziele festlegen – in Worten und Bildern. Frag dich: Was willst du dieses Jahr schaffen? Womit willst du aufhören? Was willst du ändern? Was für ein Mensch möchtest du sein? Welche Routinen musst du installieren, um diese Ziele zu erreichen?«

»Und dann schaust du dir diese Ziele jeden Tag an, um sie zu verinnerlichen und wahr werden zu lassen, richtig?« »Genau richtig, du hast es verstanden! Wenn du etwas immer wieder siehst, dann wird es für dich zur Realität werden. Nicht aus irgendeiner Magie heraus, sondern weil du unterbewusst dazu motiviert bist, diesen mentalen Bildern Leben einzuhauchen. Also verankere deine Werte, verfolge die Ziele deines authentischen Lebens und sieh dir regelmäßig an, was du gern schaffen möchtest – immer mit der Überzeugung, es auch schaffen zu können.«

»Und das schreibe ich alles auf?« »Ja – wie eine Checkliste. Frag dich einfach: Was müsste ich heute tun, damit ich diesen Tag bestmöglich nutzen und meinen wertvollen Zielen etwas näher kommen kann? Es gibt Menschen, Amigo, die so in Rekordzeit ganze Bücher schreiben. Das wertvolle Ziel ist ein fertiges Buch. Die tägliche Routine besteht aus zwei Stunden schreiben. Jeden Tag. Regelmäßigkeit schafft unvorstellbare Kraft!«

Ich verstand die Logik hinter Robs Gedanken zur Routine, aber eines der Dinge, die mich an meinem Beruf als Unternehmensberater reizten, war Abwechslung. Ich verstand nicht, wie Routine und Abwechslung zusammenpassen konnten. Deshalb fragte ich: »Aber ist es nicht langweilig, immer einer Routine zu folgen?« Rob lachte. »Du darfst niemals Routine mit Monotonie verwechseln. Selbst wenn mein Journal voller Routinen ist, nach denen ich mein Leben gestalte, um Tage zu erleben, die wirklich wertvoll sind und all das beinhalten, was mich glücklich macht, habe ich ein Leben voller Abwechslung und Freiheit. Monotonie schleicht sich immer versteckt ins Leben, im Mantel der Sicherheit, der Anerkennung und der Zugehörigkeit. Du wirst dein Leben niemals verändern, wenn du nicht die Dinge änderst, die du täglich tust. Der Schlüssel zu einem erfüllten Leben ist nicht die andauernde Suche nach Sicherheit, sondern das Streben nach neuen Möglichkeiten und der Mut, seine höchsten Werte und Visionen in täglichen Routinen zu verfolgen. Auch wenn du es jetzt vielleicht noch nicht verstehen kannst, aber selbstbestimmte Routine ist wahre Freiheit.«

Noch 5:38 Stunden bis zum Abflug

Ich sah mich um und versuchte herauszufinden, welche Menschen an diesem Gate wirklich Abwechslung lebten. Auch wenn ich in immer neuen Hotelzimmern an immer neuen Orten dieser Welt arbeitete, spürte ich die gefährliche Monotonie, die Rob grade angesprochen hatte. Er, der Hippie-Surfer, der sein ganzes Leben in einem Rucksack von Strand zu Strand trug, hatte mehr Routinen und gleichzeitig mehr Freiheit, als ich jemals gehabt hatte. Er besaß so wenig, dass er echte Freiheit spüren konnte. Ich verstand plötzlich, was er meinte, als er die Gefahr der Sicherheit angesprochen hatte. Ich fühlte mich beengt und gleichzeitig zeigte mir mein Gespräch mit Rob eine endlose Weite.

Ich spürte eine ungewohnte Energie in mir. Es war, als würde ich von Rob die größten Geheimnisse des Lebens erfahren. Hier am Flughafen am Gate C30. Nur weil mein Flug verschoben worden war. Vielleicht musste das passieren, sodass ich Rob kennenlernen konnte, um seine Gedanken zum Leben zu hören. Ich glaube eigentlich nicht an Schicksal, aber ich hatte das Gefühl, dass ich diese Informationen zu genau dem richtigen Zeitpunkt in meinem Leben hörte. Plötzlich machte alles Sinn und ich sah viel klarer als jemals zuvor. Ich musste Rob danken: »Ich habe über mein Leben noch nie so intensiv nachgedacht, Rob. Weißt du, ich habe bisher einfach jeden Tag gelebt, mit seinen Hochs und Tiefs, ohne die Geschehnisse wirklich zu begreifen. Ich habe nie darüber nachgedacht, was meine Werte sind und wie sie mit meinen

Zielen zusammenhängen, wie Glück funktioniert und was ich anderen geben kann. Ob ich frei bin oder nur sicher. Ich habe das Gefühl, dass ich gerade wirklich verstehe, was mein Leben bedeutet. Wie kann ich dir dafür danken, Rob?«

Rob lächelte wieder mit seinem hochgezogenen Mundwinkel und sagte leise: »Amigo, ich habe nichts gemacht. Der Wert liegt nicht darin, was du weißt, sondern darin, was du tust. Informationen haben keine Seele. Sie können dich niemals erfüllen und sie werden auch nie dazu führen, dass du dein Leben wirklich verstehst oder änderst. Es erfordert die richtige Aktion, täglich, routiniert!«

»Aktion ist mein zweiter Vorname, da gibt es kein Problem«, sagte ich. »Wenn überhaupt, fehlt es mir vor lauter Aktion und Stärke manchmal an Gefühl. In diesem Bereich möchte ich schon länger etwas ändern, sehr viel sogar! Ich arbeite aber auch schon hart daran und ich kann meine Gefühle gut nachvollziehen. Ich spüre immer wieder Wut, Liebe, Mut, Angst – alles sehr deutlich.«

Rob sah mich an, wurde leiser und beugte sich zu mir – so, als ob er mir etwas zuflüstern wollte. Ich hörte genau hin. Er erzählte mir noch einmal von der Fähigkeit, die eigene Realität zu steuern. Unverwundbar, voller Kontrolle und in tiefer, sanfter Ruhe. »Du spürst Gefühle, aber du spürst sie als Reaktion. Nur der schwache Geist reagiert, denn er hat keine Kontrolle über die Reaktionen. Reaktion ist schwach, Aktion ist stark, Amigo.« Ich wurde immer angespannter. Was verstand Rob nicht an dem, was ich ihm bereits gesagt hatte? Sah er nicht, dass ich offensichtlich jemand war, der aktiv und fokussiert arbeitete? »Das tue ich doch, Rob. Ich bin ein erfolgreicher Mann. Ich glaube, ich weiß genau, was ich tue.«

»Du weißt, was du tust, weil du reagierst. Deine Aktionen sind berechenbar. Ich sage dir etwas, Amigo: Es gibt im Leben Piloten und Passagiere, Macher und Manager. Was bist du, Amigo?«

»Ich mache so viel wichtige Arbeit, Rob, natürlich bin ich ein Macher!« Ich rollte die Augen, was für eine Frage.

»Du müsstest mir nicht zuhören, aber deine Aufmerksamkeit ist eine Reaktion auf die Qualität unseres Gesprächs, Amigo. Und was deine Arbeit angeht: Verwechsle niemals anstrengende und zeitintensive Arbeit mit wichtiger Arbeit. In einer Welt, in der du damit beschäftigt bist, beschäftigt zu sein, vergisst du sehr schnell die wirklich wichtige Arbeit: die Arbeit an dir. Um wirklich glücklich zu werden, um andere Ergebnisse zu erzielen, um etwas zu ändern, musst du andere Dinge tun. Wenn du nichts veränderst, verändert sich nichts. Die Veränderung muss bei dir passieren – sonst bringst du deine alten Probleme immer wieder mit zu deinen neuen Aufgaben.«

Eine endlose Ruhe breitete sich zwischen uns aus. Rob hatte recht. Er sprach, als würde er mein Innerstes kennen. Immer und immer wieder wiederholten sich die gleichen Situationen in meinen Leben, nur die Menschen waren immer wieder andere. Die Probleme, die ich mit Lizzy hatte, hatte ich auch mit den Frauen, die vor ihr in meinem Leben waren, gehabt. Die gleichen Diskussionen, die gleichen Themen – immer ausgelöst durch die gleichen Handlungen. Wenn ich wirklich etwas ändern wollte, musste ich zuerst mich selbst ändern. »Wie?«, fragte ich Rob deshalb endlich leise. »Diese Aufgabe wird die schwerste von allen, aber gleichzeitig auch die wichtigste Aufgabe deines Lebens. Dein ganzer Körper, dein Herz und dein innerstes Wesen werden eine neue, einzigartige Energie spüren. Du wirst ganz genau fühlen, wenn es passiert.«

Ich wurde nervös, weil ich glaubte, spüren zu können, wovon Rob sprach. Wie ein Blitz aus positiver Energie, der durch meinen ganzen Körper fuhr. Was passierte mit mir hier am Gate C30? Ich hatte ein solches Gefühl noch nie wirklich wahrgenommen. »Du sagst also, ich werde wissen, wenn es passiert. Ich werde es spüren?«, vergewisserte ich mich noch einmal. »Nicht nur das, Amigo. Du wirst das Leben verstehen und dich fragen, wie du jemals vorher existieren konntest. Du verliebst dich immer neu in dein Leben und in den Augenblick. Du wirst immer wieder lächeln, einfach so.«

Rob sprach davon, wie wichtig es ist, sich sehr deutlich bewusst zu machen, was man eigentlich ändern möchte. Ohne ein Bewusstsein zu entwickeln für die Teile des Lebens, die man wirklich ändern will, kann man niemals etwas verbessern. Er sagte, dass ehrliches Bewusstsein immer vor nachhaltiger Veränderung kommen müsste. Dazu sollte ich herausfinden, was ich wirklich wollte und was nicht, wer ich war und in welche Richtung mein Leben sich entwickeln sollte. Solange ich nicht wüsste, wo ich hin will, würde ich immer woanders ankommen.

»Veränderung ist so wichtig.« Rob erinnerte mich daran,

dass es Veränderung war, die die größte Freude der Natur ist. Der kalte Winter, der von den ersten Sonnenstrahlen des Frühlings gestreichelt wird. Die dunkle Nacht mit ihren funkelnden Sternen und jeder Sonnenaufgang, mit dem die Welt neu geboren wird. »Wo willst du hin? Was willst du, Amigo? Wer bist du wirklich? Was kannst du wirklich? Was macht dich glücklich, was traurig, was wütend? Die Antworten auf diese Fragen führen dich zurück zu dir selbst. Diese Fragen tragen wertvolle Schätze in sich. Sie zeigen dir die Person, die du warst, bevor irgendwelche äußeren Einflüsse deinen Blick auf die Welt verändert haben.«

Ich versuchte, systematisch mein Leben in Abschnitte zu gliedern, genau nachzudenken über die Fragen, die Rob gerade gestellt hatte. Das Ganze klang allerdings etwas zu philosophisch für meinen Geschmack. Ich war Zahlen und Fakten gewohnt. »Wo finde ich die Antworten auf diese Fragen, Rob?« Rob schaute mich jetzt direkt an. »Jason, hör auf, mit deinem Kopf zu denken, und fühle, worum es hier geht. Dein Kopf ist limitiert, dein Herz ist grenzenlos. Genau deswegen bist du hier, um dich daran zurückzuerinnern, wer du wirklich bist. Das Leben wird dich dabei unterstützen, du wirst Menschen kennenlernen, Dinge erleben und Schmerzen spüren, die neue und unentdeckte oder längst vergessene Schönheit in dir wiederbeleben werden. Schmerz und Angst sind dabei oft der wichtigste Beweis, dass du auf dem richtigen Weg bist. Wer selbst Schmerz gespürt hat, kann echte Empathie empfinden und den Schmerz der anderen sehen. Mitgefühl erdet dich durch die Geschichten, die das Leben dir schenkt. Wie ein Kind, das weiß, dass Empathie die Basis jeder Moral ist. Das Kind in dir kennt all diese Antworten schon. Es kannte sie schon immer. Wir müssen nur die richtigen Fragen stellen, damit wir uns wieder an sie erinnern können. Logik, Intelligenz, Konformität, die eigene Maske und das leere Selbstbild voll wertloser Ziele sind machtlos, weil sie nur Antworten geben können, aber keine Fragen stellen. Unsere Gesellschaft belohnt immer die richtige Antwort, niemals die richtige Frage, obwohl es viel schwerer ist, die richtige Frage zu stellen, als die richtige Antwort zu finden.«

Er stand auf, sagte noch kurz »Pass bitte eben auf meinen Rucksack auf, Amigo, ich bin gleich zurück« und ging in Richtung Flughafenhalle. Ich atmete einmal tief ein und aus, mein Blick schweifte über die Gäste am Gate C30 und blieb hängen bei dem kleinen Jungen, der immer noch am anderen Ende des Raumes spielte, lachte und völlig losgelöst den Augenblick genoss. Das ganze Gespräch zwischen Rob, dem geheimnisvollen Business-Surfer, und mir hatte sich angefühlt wie ein Traum. Ich war in Gedanken verloren. Sah unzählige Bilder vor meinem geistigen Auge. Viel Information und trotzdem so viel Klarheit, viele neue Ideen, und doch hätte ich vieles wissen können, vielleicht hatte ich es wirklich nur vergessen. Aber wenn ich mich erinnern konnte, dann hatte ich es doch nie wirklich vergessen. Auf eine Zeitung schrieb ich, was ich behalten hatte. Ich musste die Informationen aus diesem Gespräch aufbewahren, das spürte ich ganz deutlich.

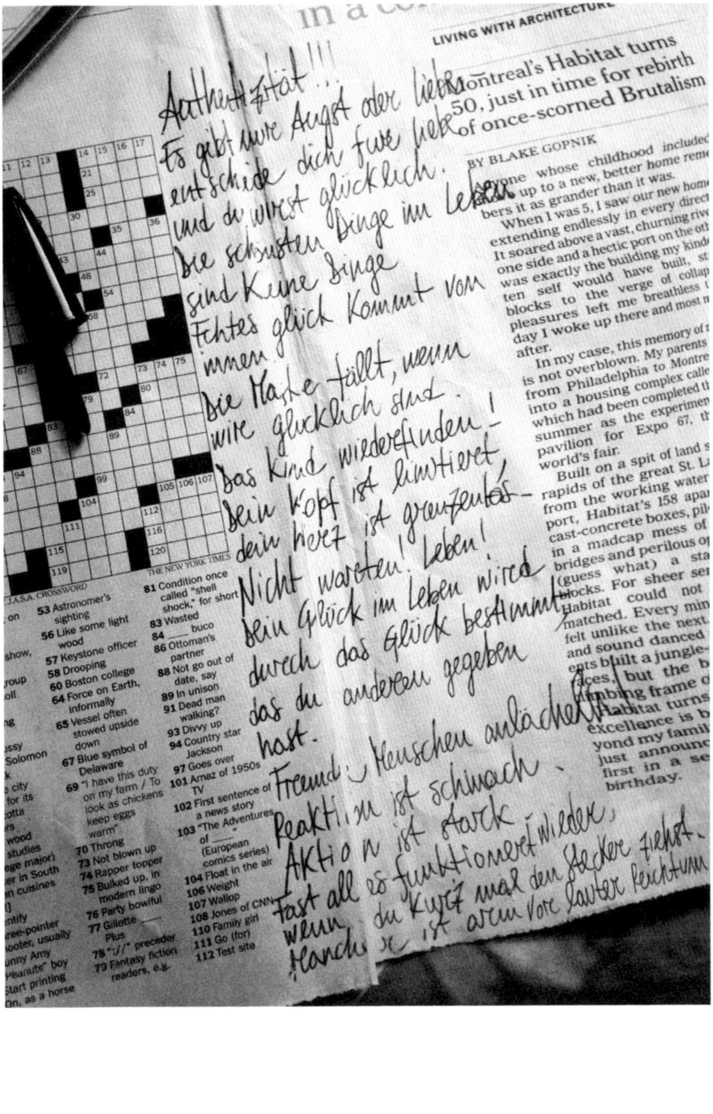

Montreal's Habitat turns 50, just in time for rebirth of once-scorned Brutalism

BY BLAKE GOPNIK

...one whose childhood included...
...bers it as grander than it was.

When I was 5, I saw our new home
extending endlessly in every direct...
It soared above a vast, churning riv...
one side and a hectic port on the oth...
was exactly the kind of ... my kind...
ten self would have built, st...
blocks to the verge of collap...
pleasures left me breathless t...
day I woke up there and most n...
after.

In my case, this memory of n...
is not overblown. My parents...
from Philadelphia to Montre...
into a housing complex calle...
which had been completed th...
summer as the experimen...
pavilion for Expo 67, th...
world's fair.

Built on a spit of land s...
rapids of the great St. L...
from the working water...
port, Habitat's 158 apar...
cast-concrete boxes, pil...
in a madcap mess of...
bridges and perilous o...
(guess what) a sta...
blocks. For sheer se...
Habitat could not...
matched. Every mi...
felt unlike the next...
and sound danced...
ents built a jungle...
faces, but the b...
climbing frame o...
Habitat turns...
excellence is b...
yond my famil...
just announc...
first in a se...
birthday.

Handwritten notes (German):

Authentizität!!!
Es gibt nur Angst oder liebe
entscheide dich für eine
und du wirst glücklich.
Die schönsten Dinge im Leben
sind keine Dinge
Echtes glück kommt von
innen
Die Maske fällt, wenn
wir glücklich sind.
Das Kind wiederfinden!
Dein Kopf ist limitiert –
dein Herz ist grenzenlos.
Nicht warten! Leben!
Dein Glück im Leben wird
durch das Glück bestimmt
das du anderen gegeben
hast.
Freunde, Menschen anlächeln
Reaktion ist schwach.
Aktion ist stark.
fast all es funktioniert wieder,
wenn du kurz mal den Stecker ziehst.
Mancher ist arm vor lauter Reichtum.

THE NEW YORK TIMES

...A.S.A. CROSSWORD

53 Astronomer's sighting
56 Like some light wood
57 Keystone officer
58 Drooping
60 Boston college
64 Force on Earth, informally
65 Vessel often stowed upside down
67 Blue symbol of Delaware
69 "I have this duty on my farm / To look as chickens keep eggs warm"
70 Throng
73 Not blown up
74 Rapper topper
75 Bulked up, in modern lingo
76 Party bowlful
77 Gillette ___ Plus
78 "://" preceder
79 Fantasy fiction readers, e.g.
81 Condition once called "shell shock," for short
83 Wasted
84 ___ buco
86 Ottoman's partner
88 Not go out of date, say
89 In unison
91 Dead man walking?
93 Divvy up
94 Country star Jackson
97 Goes over
101 Arnaz of 1950s TV
102 First sentence of a news story
103 "The Adventures of ___" (European comics series)
104 Float in the air
106 Weight
107 Wallop
108 Jones of CNN
110 Family girl
111 Go (for)
112 Test site

2. Begegnung mit Maria

Die Kraft der Gedanken nutzen und das Drehbuch
des eigenen Lebens schreiben

Meine Versunkenheit, die Stille und tiefe Zufriedenheit wurden schlagartig unterbrochen, als mir meine fehlenden Dokumente wieder einfielen. Das Gespräch mit Rob hatte mich für einen Augenblick vergessen lassen, dass ich weitersuchen sollte. Ich ging zur Toilette. Vielleicht war mir vorhin dort meine Geldbörse aus der Tasche gefallen. Als ich an der Herrentoilette ankam, übersah ich in meiner Eile das Schild am Eingang: »Vorsicht, Rutschgefahr«. Der Boden war grade gewischt worden und ich konnte mich glücklicherweise noch an einem der Waschbecken auffangen, bevor ich ganz den Halt verlor.

»Oh, bitte entschuldigen Sie, Señor!«, hörte ich eine weiche, junge Stimme sagen, die ich schon einmal gehört hatte. Dem Akzent zufolge musste es eine Spanierin oder Südamerikanerin sein. Und tatsächlich, dort auf dem spiegelglatten, glänzenden Boden der Herrentoilette stand die junge Frau von vorhin, die mich wieder mit breitem Lächeln und funkelnden braunen Augen ansah und sich dabei auf ihren Wischmopp stützte. Sie war etwa Ende 20, hatte olivfarbene Haut, war sehr klein, schlank und hatte dichtes, wallendes kastanienbraunes Haar. Sie trug eine Schürze und ein Namensschild, und dieses Mal konnte ich auch erkennen, was dort draufstand: »Maria«. Ich dachte sofort wieder, dass

Maria eigentlich wirklich hübsch war. Ich hatte das Gefühl, sie von irgendwoher zu kennen. Die Linie zwischen Realität und Fantasie verwischte für einen Augenblick, genau wie der Boden es getan hatte, auf dem ich jetzt langsam wieder Halt fand.

Sie hob ihre linke Hand und entschuldigte sich erneut mit ihrem unverkennbaren spanischen Akzent: »Es tut mir sehr leid, Señor!« Sie sagte das mit einem breiten und ehrlichen, wirklich ansteckenden Lächeln. Ich winkte ab und sagte: »Kein Problem, nichts passiert! Ich suche meine Geldbörse, schwarzes Leder. Tickets und Pass waren auch drin. Haben Sie vielleicht zufällig etwas gefunden, Maria?«

Maria lächelte und neigte ihren Kopf fragend ein wenig zur Seite und sagte: »Nein, Señor, leider nicht, aber woher kennen Sie meinen Namen?« »Er steht auf Ihrem Namensschild.« Sie schaute auf das Schild und fing sofort laut an zu lachen. Herzhaft und voller Freude. Ich musste plötzlich auch lachen und so trafen sich unsere Augen, als sie sagte: »Natürlich. Also, ich heiße Maria, aber das weißt du ja nun schon«, und mir die Hand reichte. »Ich heiße Jason, mein Flug wurde verschoben und ich habe meine Sachen verloren«, sagte ich. »Du darfst eins nie vergessen, Señor Jason: Wer weiß, wofür das gut ist?« »Wofür was gut ist?« »Dass der Flug verschoben wurde und die Geldbörse verloren ging. Im Leben passiert nichts ohne Grund – die Kunst besteht darin, das Positive in jedem Ereignis zu finden, vor allem, wenn es von außen negativ aussieht.«

Maria, die kleine Reinigungskraft vom Gate C30, sprach

von der Bedeutung, die wir Dingen geben. Sie erzählte mir, dass die eigene Interpretation des Umfelds oft so real wirken kann, dass wir für einen Augenblick vergessen, dass es nur eine Interpretation ist. Jedes Mal wenn ich mit meinen eigenen Augen in die Welt blicke und alles sehe, so wie es zu sein scheint, sollte ich mich daran erinnern, dass mein Gehirn immer einen ganz eigenen Bildteppich aus Vergangenheit, Erinnerung und Meinung in meine Wahrnehmung hineinwebt, der dann so überzeugend wirkt, dass die persönliche Färbung meistens unbeachtet bleibt. Ich sollte verstehen, dass meine Wahrnehmung nicht unbedingt die einzig richtige ist. Ich verstand, was Maria meinte: dass das Gesicht eines guten Freundes für jemand anderen das Gesicht seines größten Feindes sein könnte. »Ändere, wie du Dinge siehst, und es ändern sich die Dinge, die du siehst«, sagte Maria und fügte hinzu: »Es gibt kein Problem, das nicht ein Geschenk für dich mit sich führt, Señor Jason.«

Noch 5:21 Stunden bis zum Abflug

Ich mochte ihre tolle Einstellung zum Leben und zu schweren Situationen, aber ich konnte ihre Philosophie nur schwer auf meine Situation übertragen. »Liebe Maria, ich sitze für die nächsten Stunden an diesem Flughafen fest und mir fehlen meine wichtigsten Dokumente. Wenn ich sie nicht wiederfinde, kann ich nicht zu meinem Meeting fliegen. Es ist ein extrem wichtiges Meeting und ich darf nicht fehlen, weißt du. Was ist daran bitte nicht negativ und wie finde ich darin bitte ein Geschenk?« Maria sprach davon, dass ich genau das bekomme, was ich erwarten würde. »Zu viele Menschen«, sagte sie, »haben öfter Sorgen als nötig. Es sind die eigenen negativen Gedanken, die sie leiden lassen, nicht die Realität. Einen negativen Gedanken pro Tag zu haben, bedeutet auch, einen positiven Gedanken pro Tag weniger zu haben. Die Menschen halten sich mit ihren eigenen Gedanken davon ab, alles schaffen zu können und Geschenke zu finden, wo andere Probleme sehen.«

Maria versicherte mir, dass alles, was ich in meinem Leben spüre, seinen Ursprung in meinen Gedanken haben würde. Der eigene Geist sei wie ein fruchtbarer Nährboden für einen wunderschönen Garten und meine Gedanken wären eine Verbindung aus Samen, Sonne, Wasser und Zuneigung. Es war schwer, das zu verstehen in einer Situation, in der mir all das fehlte, was ich gerade am meisten brauchte, aber Maria schien wie der lebende Beweis für ihre eigene Theorie zu sein. Ich musste scheinbar einfach nur aufhören, negative Gedanken in den Garten meines Wesens zu lassen, um schöne Pflanzen blühen zu sehen. Was für mich sehr schwer nachvollziehbar blieb, war die Suche nach positiven Gedanken in einer offensichtlich negativen Situation. Oder war es nur meine eigene Wahrnehmung, durch die dieser Augenblick negativ erschien? Ich war skeptisch. Maria lachte: »Ich sagte ja, du musst das Positive finden. Es ist nicht immer sofort sichtbar. Und du musst dir Zeit nehmen, es zu suchen. Je öfter du Positives in deinem Leben findest, desto besser kannst du es sehen. Es ist wie ein Fernglas, das immer besser funktioniert, je öfter du es benutzt. Bewerte Ereignisse nicht als gut oder schlecht, negativ oder positiv, sondern erlebe sie ganz, spüre sie wirklich und lerne aus ihnen. Jedes Ereignis ist da, um dir zu helfen. Jedes Ereignis birgt einen Schatz, den du finden musst.«

Ich kam nicht wirklich weiter. Offensichtlich konnte ich mit dem Fernglas der Positivität noch nicht gut genug umgehen – und vor allem wollte ich es gerade viel lieber dazu benutzen, meine Geldbörse wiederzufinden, nicht irgendeinen Schatz, der in den Ereignissen meines Lebens versteckt war. »Das klingt wunderbar, Maria, aber ich muss meine Dokumente finden. Auch wenn ich unser Gespräch sehr nett finde, ich habe keine Kontrolle über diese Situation, sitze fest und muss etwas unternehmen.«

Maria stützte sich auf ihren Putzwagen und sagte: »Du hast keine Kontrolle über die Situation, aber du hast immer Kontrolle über deine Gedanken! Ich sage es noch mal, die Qualität deiner Gedanken bestimmt die Qualität deines Lebens. Dein Kopf ist dein Haus, der Schatz, beschütze ihn und lass keine schlechten Gedanken herein, Señor Jason. Kämpfe gegen die schwachen Gedanken, die sich in deinen Geist geschlichen haben. Alles, was dein Leben ausmacht, hast du mit deinen eigenen Gedanken angezogen. Positiv und negativ. Zu viele Menschen kreieren ihre eigenen emotionalen Stürme und ärgern sich dann, wenn es regnet. Lerne, deine Gedanken zu steuern, sie haben die Kraft, dich in die tiefen Täler des Unglücks zu werfen oder dich auf die höchsten

Gipfel echter Freude zu heben. Je stärker deine guten Gedanken sind, desto früher werden deine schwachen Gedanken merken, dass sie in deinem Kopf keine Chance haben – genauso wie der Dreck an diesem Flughafen«, sagte sie lächelnd und wedelte mit einem Putztuch.

Diese kleine Frau beeindruckte mich mit ihrer einfachen Betrachtungsweise sehr. Ich mochte, wie sie das Bild vom eigenen Kopf als schönen Garten oder Schatz entwarf – vor allem jetzt gerade, da mein Kopf gefüllt war mit Frustration, sollte ich vielleicht tatsächlich damit anfangen, ihn besser zu beschützen. Ich versuchte, meiner Seele zuzuflüstern, dass alles gut werden würde. Dass es einen Grund haben müsste, warum ich gerade jetzt hier war. Das fühlte sich gut an.

Ich fragte mich, woher wohl eine Reinigungskraft am Flughafen solche Gedanken über das Leben hat. Also fragte ich: »Woher weißt du das, Maria?« »Ich komme aus einem kleinen Dorf im Süden von Costa Rica. Meine Familie hatte nie viel, Señor Jason, aber unsere Umwelt war atemberaubend. Dichter, unberührter Dschungel, der sich zu weißen verlassenen Stränden öffnet, hellblaues Wasser, Pflanzen in allen Farben, die unbeschreiblich gut duften, die Klänge der Tierwelt, die singt und lacht. Die Natur, in der wir aufgewachsen sind, ist unendlich, hat ihren Mittelpunkt überall, aber ihre Grenzen nirgendwo. Ein Leben in einem sanften Paradies, Señor Jason, aber ohne dabei viel zu besitzen. Die Natur ergreift keinen Besitz, aber schenkt trotzdem alles. Sie ist nie in Eile und trotzdem immer pünktlich.«

Marias Geschichten über die unendliche Schönheit der

Natur brachten Farben in die karge Flughafentoilette, ich konnte die Blumen, von denen sie sprach, fast riechen. Ich verlor mich für einen Augenblick in ihren Worten.

»Schon sehr früh haben wir als Kinder gelernt, uns an den Dingen zu freuen, die wir hatten, und uns nicht darauf zu konzentrieren, was fehlte. Solange wir lächeln können, ist alles, was wir haben, all das, was wir brauchen. Die Kraft der Gedanken ist unvorstellbar, Señor Jason. Egal, welche Situation, deine Gedanken können dich immer glücklich machen.«

Da musste ich nachhaken: »Moment, Maria! Heißt das, du bist jetzt auch glücklich? Hier in diesem Augenblick?« Ich konnte mir unmöglich vorstellen, dass eine Reinigungsstelle am Flughafen jemanden glücklich machen könnte, egal wie stark die positiven Gedanken, von denen Maria sprach, jemals sind. »Natürlich, Señor Jason!«, sagte Maria mit einem großen Lächeln und ihrem gewinnenden spanischen Akzent. »Mein Leben ist wie ein Film für mich, und ich versuche, immer die Heldin zu sein. Das macht meine Gedanken positiv und gibt mir Kraft. Die Vergangenheit hält meine Lehren bereit, die Zukunft ist meine Motivation.«

Ich verstand nicht, was genau Maria mir zu erklären versuchte, wenn sie über sich selbst als die Heldin in einem Film sprach, aber es interessierte mich immer mehr. Offensichtlich machte sie sich selbst zum Star in ihrem eigenen Leben. »Bitte erklär mir, was du genau damit meinst. Wie im Film? Du bist die Heldin? Was hat das mit deinen Gedanken und deiner Zufriedenheit zu tun?« Maria sprach von Helden, die ganz normale Menschen sind, die sich aber dazu entscheiden, anders zu leben, an mehr zu glauben und glücklich zu sein. Echte Helden bräuchten keinen Zuspruch, sie gäben ihn sich selbst, vor allem dann, wenn es niemand anderes tut. Maria versicherte mir, dass schon eine Person ausreichen würde, die an einen glaubt, auch wenn man selbst diese Person ist. Diese Frau hatte sich dazu entschieden, jedes »Kann ich nicht« in ein »Kann ich« zu verwandeln und für jeden Traum einen Plan zu entwerfen. Die Kraft ihrer Gedanken machte sie unaufhaltsam.

»Señor Jason, in deinem eigenen Film hat die Fantasie keine Grenzen. Es gibt keine Regeln für das, was innerhalb der eigenen Vorstellungskraft kreiert wird. Die eigene Fantasie ist der Vogel, der am höchsten fliegen kann. Dein Leben wird zur spannenden Geschichte. Du machst plötzlich Dinge, die du sonst nicht für möglich gehalten hast.«

»Welche Dinge meinst du?«, fragte ich.

»In meinem Film bin ich die Heldin. Das führt dazu, dass ich wirklich mutig bin, ehrlich glücklich, völlig offen und rein, freundlich und absolut furchtlos.«

Maria sprach und ich sah die Eigenschaften ihrer inneren Heldin in ihren Augen zum Leben erwachen. »All diese Charakterzüge, die die Heldin meines Filmes hat, besitze ich auch, weil ich genau diesen Film, meinen ganz eigenen Film, lebe, jeden Tag, hier am Flughafen. Es ist wie ein Traum, der plötzlich wahr wird, denn die besten Träume passieren, wenn du wach wirst.«

Diese kleine, bemerkenswerte Frau erzählte mir, was sie

als Heldin ihres eigenen Filmes hier in den endlosen Hallen des Flughafens und am Gate C30 alles tun konnte. Die Realität bog sich unter dem Druck ihrer Vorstellungskraft. Sie erweckte ihre Gedanken in ihrem Handeln tatsächlich zum Leben. Die Tatsache, dass sie auf ihrer geistigen Kinoleinwand schon einmal gesehen hatte, wie sie bestimmte Dinge tat, die ihr vielleicht schwerfielen, machte es ihr offensichtlich viel leichter, sie dann doch zu tun. Sie lebte jeden Tag ihre Rolle – die Rolle ihres Lebens.

»Ich spreche Menschen einfach an, ich mache Dinge, die mir sonst Angst machen würden, bin freundlich, ehrlich. Ich bin die Heldin meines Lebens«, sagte sie und spannte den Bizeps ihres kleinen Armes an, wie ein Bodybuilder es auf der Bühne tun würde. Ihr breites Lächeln war dabei wieder unglaublich ansteckend. Ich konnte nicht anders, als auch zu grinsen. Diese kleine und doch so starke Frau nutzte ihr Lächeln, um die Welt zu verändern.

»Diese Vorstellung, Señor Jason, dass Tausende Menschen mich im Kino sehen, das macht mich stark. Es führt dazu, dass ich immer genau nachdenke über meine Handlungen. Ich tue Gutes und gebe mein Bestes, hier am Flughafen, auf der Straße, in der Bahn und auch zu Hause bei meiner Familie. Mein Film läuft weiter und die Menschen im Kinosaal zählen auf ihre Heldin.«

Jetzt verstand ich langsam immer mehr, warum Maria so glücklich war und eine so heldenhafte Einstellung zum Leben besaß: Sie stellte sich einfach vor, ein ganzer Kinosaal voller Maria-Fans schaute gespannt auf jeden Schritt, jede

Handlung und all ihre Entscheidungen. Was für eine unglaubliche Vorstellung! Für einen Augenblick versetzte ich mich selbst in die Hauptrolle meines Filmes. Was würde das Publikum wohl denken über den ungeduldigen, genervten Typen im Designeranzug, der gereizt nach seiner prall gefüllten Geldbörse sucht und die Fluggesellschaft seines First-Class-Tickets verteufelt, weil er warten muss?

Oh, Mann! Sofort schüttelte ich den Kopf und unterbrach die Vorstellung. Um ein Held zu sein, musste ich ab jetzt anders mit den Menschen umgehen, die ich um Hilfe bat. Ich konnte so viel mehr aus meiner Situation hier am Flughafen machen. Ich musste die Zeit und meine Suche nutzen, um die Menschen kennenzulernen, die mir halfen. Ich durfte Menschen nicht einfach bewerten. Mein Respekt für Maria wurde immer größer und mein Hunger nach Wissen über ihre für mich ganz neuen Gedanken zum Leben war so groß wie noch nie zuvor.

»Ich verstehe, Maria. Du bist glücklich und zufrieden mit deinem Job und mit allem, was dich ausmacht, weil du als Heldin deines Filmes dein Bestes gibst und dem Zuschauer deines Filmes jeden Tag eine richtig gute Performance zeigst?« »Si, Señor Jason! In meinem Film bin ich die beste Flughafenreinigungskraft, die es je gegeben hat. Immer nett, fleißig und gut gelaunt. Mein Reinigungswagen ist mein Instrument, diese riesigen Hallen und Gates und auch die kleinen Toiletten sind mein Konzertsaal, mein Atelier. Und es ist mein Ziel, die vielen Menschen, die hier jeden Tag ihre Reisen antreten, durch meine Arbeit wirklich glücklich zu machen. Das ist die Rolle meines Lebens! Ein Job ist immer nur ein Job, wenn du ihn nur als solchen ansiehst. Ich sehe in jedem Tag so viel mehr als das und gebe alles, was ich habe.«

»Muss man nicht erst mal viel haben, um viel geben zu können?«, fragte ich und überlegte, was Maria wohl verdienen würde. »Von dem, was ich bekomme, kann ich leben. Aber von allem, was ich gebe, lebt mein Leben«, sagte sie und erst jetzt verstand ich, dass die wertvollsten Geschenke keinen Preis hatten. Sie gab keine materiellen Dinge, sondern sich selbst. Maria versicherte mir mit ihrer lustigen Leichtigkeit, dass der schnellste Weg, sich selbst zu finden, der war, sich zu verlieren – und dann anderen Menschen sein bestes Ich zu schenken.

Was mich faszinierte, waren die Klarheit und die selbstbestimmte Kraft, mit der Maria in der Rolle ihres Lebens brillierte. Ich hatte oft das Gefühl, dass mein eigener Film immer schon längst angefangen hatte, wenn ich die Szene betrat und keiner mir die Handlung oder das Ziel erklärte. Ich war wie verloren in meiner eigenen Geschichte und andere erzählten sie für mich weiter, ohne dass ich etwas tun konnte. Maria dagegen war dafür bestimmt, die Person zu sein, die sie sich aussuchte zu sein. Sie war genauso großartig, wie sie sich selbst großartig sein ließ. Ich verstand, dass es offensichtlich möglich war, den falschen Film zu verlassen, wenn er einem nicht gefiel, um ganz neue Szenen zu erleben, deren Spannung und Gefühle einen selbst wirklich begeisterten. Ich wollte mehr Kontrolle und spürte zum ersten Mal, dass ich sie mir selbst einfach nehmen könnte.

»Wow, jetzt, da ich deine Gedanken zu deinem Film verstehe, finde ich sie wirklich spannend. Du kultivierst ja wirklich ganz bewusst echte Weltklasse, Hollywood-Gedanken. Kein Wunder also, dass du so glücklich bist.« »Si, Señor Jason! Ich liebe diesen Film, es ist mein Film. Zu viele Menschen leben die falschen Filme. Sie spielen aber trotzdem mit. Horrorfilme, von denen sie wissen, dass sie erschreckend, traurig und grausam sind. Warum tut man so etwas? Immer wieder sehe ich Menschen an diesem Flughafen, die offensichtlich nicht verstehen, dass sie ihre ganz eigenen Filme erschaffen können. Dass sie nicht einen Film nur deshalb anschauen müssen, weil er schon angefangen hat oder weil jemand anderes das will. Leider gibt es zu viele Menschen, die im Kinosaal sitzen bleiben, bis die Leinwand schwarz wird, der Film zu Ende ist und das Licht wieder angeht. Meine Filmrolle ist nicht fertig, sie muss nicht einfach nur abgespielt werden, Señor Jason. Ich erschaffe sie jeden Tag, frei und genau so, wie ich sie sehen will. Wer einmal eine wirklich gute Filmszene gesehen hat, wird nie wieder eine schlechte sehen wollen.«

Die Idee des eigenen Filmes ließ mich nicht mehr los. Wie oft lief vor mir ein Film ab, der nur dazu diente, Zeit und Raum zu füllen mit Szenen, die ich meistens gar nicht wirklich sehen wollte. Ich tötete Zeit, die ich nicht wieder zum Leben erwecken konnte. Ich spürte, dass es falsch war, wie ich mein Leben lebte. Auch wenn viele Menschen jeden Tag genau den gleichen Fehler begehen – ich wollte das ändern! Und ich musste herausfinden, wie!

»Und was ist, wenn du einen Fehler machst, Maria? Fehler sind schließlich menschlich, alle machen sie. Wie passen Fehler zu einer Heldin in einem tollen Film?« Sie lächelte und sagte ruhig: »Es gibt keine Fehler, nur Lehren. Feiere deine Fehler, sie machen dich interessant und beweisen, dass du etwas versucht hast. Jeder Fehler oder Rückschlag ist eine Möglichkeit, um zu lernen und zu wachsen. Alles, was passiert, bereitet dich auf einen Moment vor, der noch kommt. Das Leben schenkt dir immer genau zur richtigen Zeit genau die richtigen Lehren. Jeder Fehler, jeder Verlust, jede Verletzung, jede Krankheit, jeder Stau, jede rote Ampel, jede Verwirrung – jeder Moment ist dein Lehrer. Nichts geht vorbei, bevor der Fehler dir nicht genau das zeigen konnte, was du sehen und verstehen musstest. Solange ich aus einem Fehler lerne und ihn nur einmal mache, freue ich mich sogar über ihn. Wenn ich perfekt wäre, würde ich nichts lernen. Wenn es immer sauber ist, gibt es nichts zu tun.«

Noch 5:15 Stunden bis zum Abflug

Maria gab Fehlern den einzigen passenden Namen, sie nannte sie »Erfahrung« und empfahl mir, es auch so zu machen. Sie versicherte mir, dass es der einzig wahre Fehler sei, nicht aus einem Fehler zu lernen. »Mein Film handelt auch davon, wie ich mein Bestes gebe und den Mut habe, Fehler zu machen, wie ich das Gute in ihnen finde und dann aus ihnen lerne. Selbst wenn ich jeden Tag nur einen kleinen Fehler mache und dadurch einen Millimeter besser werde, dann bin ich nach einem Monat schon drei Zentimeter weiter. Die Summe meiner Fehler bestimmt die Kraft meines Wachstums und den Weg, den ich hinter mir lasse.«

Immer wieder betonte Maria, wie wichtig es für sie sei, alles zu geben – für sich und ihre Kunst. Denn sie verstand ihre Arbeit, die für viele sicherlich nicht sehr ästhetisch ist, als eine Kunstform, in der sie ihre größte Passion wiederfand und in deren endloser Schönheit sie sich jeden Tag aufs Neue verlieren konnte. Es war diese Gedankenkraft, die es ihr erlaubte zu fliegen, ohne dabei jemals in ein Flugzeug zu steigen. Und es waren ihr eigener Stolz, das Ziel ihrer Arbeit, das größer war als sie selbst, und die Freude anderer Menschen an dem, was sie tat, die sie wirklich glücklich machten – auch und vor allem dann, wenn ein Fehler passierte und sie als Heldin ihres Filmes daraus lernen konnte. Maria war ein echter Star und schien von innen so hell, dass sie kein Scheinwerferlicht brauchte.

»Wenn du wirklich gut sein willst«, sagte sie entschlossen, »und stolz, wenn du dir selbst und anderen zeigst, wie viel Energie du schenkst, dann wirst du verstehen, wer du wirklich bist. Und erst wenn du verstehst, wer du wirklich bist, kannst du mit dir selbst voll zufrieden sein. Erst dann findest du deinen inneren Frieden. Finde dich selbst, und alles andere passiert von ganz allein. Dann tust du die richtigen Dinge ganz bewusst, das Chaos verschwindet und Glück entsteht. Menschen denken immer, es würde viel Energie und Kraft kosten, hart an sich selbst zu arbeiten und den Mut zu haben,

Fehler zu machen. Dabei kostet es doch viel mehr Kraft, mit der Schuld und dem Gefühl von Mittelmäßigkeit und vertanem Potenzial zu leben. Wenn es hier am Gate nicht sauberer ist, als es je zuvor war, wenn ich nicht noch besser und netter bin als gestern, bin ich nicht gewachsen. Wenn ich aufhöre zu wachsen, fange ich an zu sterben. Wir verlieren so viel Respekt vor uns selbst, wenn wir nicht all das verwirklichen, was in uns schlummert. Träume nicht zu verwirklichen, stehen zu bleiben, wenn du weitergehen müsstest, nicht ehrlich zu dir und verantwortungsvoll gegenüber deinen unendlichen Möglichkeiten zu sein – das kann Seelen zerstören, Señor Jason.«

Die Gedanken dieser kleinen Frau waren unglaublich inspirierend. Sie transformierte vor meinen Augen jede Unklarheit in eine Möglichkeit, jede Hürde wurde zu einer Chance. War Maria vielleicht eine Art Workaholic oder doch ein spiritueller Übermensch aus dem Dschungel von Costa Rica? Ich konnte ohnehin kaum verstehen, wo diese kleine Frau ihre unbändige Energie hernahm, aber was mich mindestens genauso brennend interessierte, war, wie sie sich wieder beruhigen konnte. Also fragte ich sie: »Wie entspannst du dich, Maria? Es scheint, als würden deine positiven Gedanken und deine große Hauptrolle in dem Film, den du jeden Tag erlebst, auch viel Energie kosten? Kannst du überhaupt in Ruhe einschlafen nach einem Tag hier am Flughafen?« Weil ich wusste, wie schwer es war, sich nach einem wirklich anspruchsvollen und energiegeladenen Tag zu entspannen, war ich sehr gespannt auf ihre Antwort.

Mit ruhiger Stimme antwortete sie sofort: »Der Tag ist voll wunderschöner Ruheoasen, du musst sie nur kennenlernen und auf sie vertrauen. Gefühle sind wie Reisende hier am Flughafen, sie kommen und gehen.« »Und wo finde ich diese Oasen der Ruhe?« »Sie sind immer bei dir und überall um dich herum, Señor Jason!« Maria machte eine große Geste und präsentierte mir das direkte Umfeld, das für mich nur aussah wie eine ganz normale Flughafentoilette. Ich runzelte fragend die Stirn.

Maria führte mich näher zur Eingangstür der Toilette, das Schild »Vorsicht, Rutschgefahr« war immer noch da. Sie öffnete die Tür einen Spalt, sodass wir die große Flughafenhalle sehen konnten. Dann machte sie mich auf die Landschaft ganz weit in der Ferne hinter den Rollfeldern des Flughafens aufmerksam, die man durch die große Scheibe am Ende des Gates sehen konnte. »Die Blätter der Bäume im Wind, Señor Jason. Siehst du?« Ich hielt kurz inne, kniff meine Augen zusammen. Versuchte zu sehen, was sie sah, die langsame Bewegung der Zweige in der Ferne. Und ich konnte spüren, wie die Einfachheit der Blätter im Wind zu mir sprach und von einer Ruhe erzählte, die immer da war, egal wo ich war. Es ging dabei gar nicht so sehr um das, was ich anschaute, sondern um das, was ich sah.

»Freue dich an diesem Tanz der Natur und dann geh weiter deinen Weg«, sagte Maria. »Jeder Tag birgt unendliche Möglichkeiten, um zu deiner ganz eigenen Ruhe zurückzufinden, Señor Jason. Hab nur den Mut, immer wieder mal auszusteigen und diese Ruhe zu spüren. Viel zu viele Menschen träumen den ganzen Tag und sind trotzdem müde. Nutze deine Ruheoasen, um aus dem Traum zu erwachen und die Wunder zu erkennen, die uns alle umgeben. Nur wenn du wach bist, findest du deine authentische Mission. Den Grund deines Lebens. Die Handlung deines Filmes. Das, was dich zum Helden macht. Deine Werte, deine Prinzipien. Wenn du wach bist, riechst du die Schönheit der Blumen. Finde das, was du wirklich liebst, und konzentriere deine Energie auf diese Passion. Sobald du das tust, lebst du erfüllt, und unschätzbare Werte fließen mit Leichtigkeit in dein Leben. Du spürst, dass die Welt dir Rückenwind schenkt, weil du auf dem richtigen Kurs durch die Meere deines Lebens segelst.«

Noch 5:11 Stunden bis zum Abflug

Ich war sprachlos. Die Tiefe, die diese kleine Person hatte, war unvergleichbar. Ich konnte die Blätter sehen, ich verstand, was sie meinte. Sie waren immer da gewesen, aber ich hatte sie noch nie wirklich wahrgenommen. Ich musste mehr verstehen und ich fragte: »Und was, wenn ich meine authentische Mission gefunden habe? Wie geht es dann weiter? Wie kann ich an ihr festhalten und sie jeden Tag leben? Und woher weiß ich überhaupt, ob meine Mission die richtige ist?«

Maria führte mich vor die Spiegel über den vielen Waschbecken der Toilette. Ich schaute mir jetzt direkt ins eigene Gesicht. »Ich mag Spiegel, Señor Jason, sie lassen uns durch die Oberfläche hindurchschauen – es geht vor allem darum, wer du in deinen eigenen Augen bist. Schau dir selbst in die Augen. Erzähl dir selbst von deinen Werten, deinen Prinzipien, dem, wofür du stehen willst, von deiner Mission, deinem Heldentum. Wenn du dir selbst glaubst, dann hast du dein bestes Ich und deine richtige Mission gefunden und kannst sie für immer in der Ehrlichkeit deiner eigenen Augen wiederfinden, Señor Jason. Schau einfach jeden Tag in den Spiegel und sprich zu dir selbst, erinnere dich an die wichtigsten Säulen deines Lebens, und glaub dir selbst all das, was du sagst. Du wirst sofort merken, wenn es echt ist. Finde in der Tiefe deiner Augen jede Wahrheit, auch dann, wenn sie weh tut, denn Wahrheit tut nur einmal weh, eine Lüge, die du dir selbst erzählst, verletzt dich jedes Mal, wenn du dich an sie erinnerst.«

Noch während Maria sprach, sah ich mir selbst tief in die Augen. Es war ein komisches, ungewohntes Gefühl. Ich hatte mir noch nie zuvor selbst so bewusst in die Augen geschaut. Ich sah so viel. Es war, als würden meine Augen mir eine Geschichte über mich und mein inneres Leben erzählen wollen. Ich sah gleichzeitig Ursachen und Lösungen in der Tiefe meiner Blicke. »Wie kann ich wissen, ob etwas nicht stimmt, Maria?« »Nutz einfach regelmäßig das Gespräch mit dir selbst. Es ist das ehrlichste Gespräch, das du je führen wirst, denn deine Augen können dich selbst niemals anlügen. Werde dir über deine Werte klar, deine Prinzipien, die Dinge, für die du stehen willst, und das, was dir wirklich wichtig ist. Schau dir jeden Tag morgens und abends für einen Augenblick selbst tief in die Augen und sag dir deine Leitsätze auf. Immer wieder. Die Kraft der Gedanken wird stärker durch jede Wiederholung. Und wenn du dir die guten Gedanken über die beste Version deines Lebens immer wieder deutlich machst, dann wird die Kraft dieser Gedanken immer stärker. Sag sie dir immer wieder auf, Señor Jason! Dreimal, viermal, fünfmal, jeden Tag. Werde selbstsicher vor dir selbst, um selbstsicher durch dein Leben zu gehen. Dann werden auch deine Werte zu deiner Realität.«

Hatte ich sie wirklich richtig verstanden? »Maria, du sagst also, dass die Kraft meiner positiven Gedanken stärker werden kann durch Training, etwa wie bei einem Muskel? Ich muss dazu nur jeden Tag meine Leitsätze und Prinzipien aussprechen, morgens und abends, mehrmals hintereinander und dabei in den Spiegel schauen? Dann werden meine Werte wahr und ich lebe so, wie ich es mir wünsche?« Konnte es wirklich so einfach sein? Maria lächelte und nickte langsam. »Ja, Señor Jason, du hast gut zugehört, genauso ist es!« Ich schaute immer noch direkt in den Spiegel, und immer wieder traf ich den Blick meiner eigenen Augen. Ein unbeschreibliches Gefühl. »Maria, du sprichst immer wieder von Leitsätzen, Werten und von Prinzipien. Bitte hilf mir, genauer zu verstehen, was du damit meinst und wie ich diese Leitsätze finden kann.« Natürlich kannte ich das Konzept von Leitsätzen und »Mission Statements« aus meiner Firma, aber ich war unsicher, wie ich diesen Gedanken auf mich selbst übertragen konnte. Es fühlte sich eigenartig an, mich selbst wie eine Firma zu sehen, eine Instanz, die klaren Vorgaben folgt, die ich mir auch noch selbst auferlegen sollte.

»Offensichtlich bist du ein Geschäftsmann, Señor Jason. Du liest zwei Tageszeitungen, trägst einen Anzug, fliegst allein, ohne Familie. Ich sehe Männer wie dich jeden Tag hier an den Gates. Du musst dir beruflich bestimmt immer viele Ziele setzen, richtig?«, fragte sie. »Natürlich. Alles wird gemessen, sonst wird es nicht verbessert«, sagte ich sofort und klang dabei wie einer der harten Seniorpartner unserer Firma. »Und ich weiß auch, dass meine Ziele wertvoll sein müssen«, sagte ich und erinnerte mich an die Worte von Rob, dem super erfolgreichen Marketinggenie, der zum coolen Surfer geworden war. »Sehr gut, Señor Jason. Deine Leitsätze sind genau wie deine Ziele, aber nicht die äußeren Ziele, sondern die inneren. Es geht dabei nicht um Dinge, die du haben willst oder erreichen willst, sondern um Werte und Prinzipien, nach denen du leben willst. Ohne Werte hast du kein Fundament, keine Richtung, keine Kontrolle. Viele Menschen passen besser auf ihre Dinge auf als auf ihre Werte. Deine Werte bestimmen den Menschen, der du sein willst. Den Charakter, den du haben willst. Es geht um Dinge, die dich ausmachen, Señor Jason.«

»Was meinst du, Maria? Sprechen wir über Humor und Intelligenz?«, fragte ich und wollte unbedingt genauer verstehen, in welche Richtung ihre Gedanken zur Wichtigkeit der Prinzipien und Werte gehen. »Nein, nicht ganz. Deine Werte sind Qualitäten wie Ehrlichkeit, Treue, Bescheidenheit, Authentizität, Gesundheit, Respekt, Offenheit, Toleranz, Disziplin, Freude und Güte.« Ich wurde kurz ruhig. Es musste lange her gewesen sein, aber ich hatte diese Worte schon einmal gehört. Ich wiederholte sie und sagte sie mir leise noch einmal vor, flüsterte sie mir fast selbst in die Seele. Das Gefühl war unglaublich und ganz neu für mich. Es war, als würden diese Worte etwas in mir auslösen. Einfach nur die Kraft dieser Worte, sie über die Lippen zu bringen und zum Leben zu erwecken, hatte eine erstaunliche Wirkung auf mich. Endlich sagte ich: »Ich verstehe. Wir sprechen über echte Charaktereigenschaften.« Maria nickte lächelnd. »Diese Eigenschaften sind die Basis. Sie beschreiben ganz genau die Person, die du sein willst.« Maria sagte, dass es die Werte seien, die sich Menschen wünschen. Sie sprach von inneren Zielen, die ich jeden Tag neu erfüllen könnte.

Ich dachte lange über diese Eigenschaften nach, über die Erwartungen, die ich an meinen eigenen Charakter hatte, und wie es klingen würde, wenn ich mich selbst beschreiben müsste und wirklich stolz wäre auf das, was ich hörte. Wer wollte ich sein? Ein Mann, der immer ehrlich ist, der gegenüber seiner Familie und seinen Freunden treu und loyal handelt. Ein Mann, der voller Disziplin seine höchsten Ideale verfolgt und Gutes tut. Ein Mann, der andere Menschen respektiert und Schwächeren hilft – voller Herz und Empathie. Ich hatte das Gefühl, dass Maria jedes Wort meines inneren Dialogs ganz genau gehört hatte. Sie sagte leise: »Verstehst du, Señor Jason, diese Werte sind die Beschreibung der besten Version von dir. Je klarer dir diese Leitsätze sind und je öfter du sie dir selbst sagst, dir dabei selbst tief in die Augen und damit tief in deine Seele schaust, desto eher wirst du nach diesen Werten leben und echte Erfüllung finden. Denn wie das Wort schon sagt, Erfüllung füllt die Leere in dir, die Leere in jedem. Diese Leere entsteht durch den Schmerz, zu wissen, dass man nicht so lebt, wie man könnte oder gern würde. Diese Leere verursacht echtes Leid. Ich sehe hier am Flughafen täglich Menschen aus aller Welt, und jeder Einzelne hat eine andere, ganz eigene Geschichte. Aber eines haben sehr viele gemeinsam …« Ich konnte den Satz für sie zu Ende sprechen. »Die Leere«, sagte ich leise und fühlte dabei wieder meine eigene Einsamkeit, die Leere und das Loch tief in meinem Inneren. Diese Unruhe, eine Art konstanten Stress, den ich nie wirklich verstehen oder heilen konnte, weil ich dachte, dass er vielleicht normal sei oder vergehen würde, wenn ich endlich all das erreicht hätte, was ich mir vorgenommen hatte. Ich konnte diese Leere zwar manchmal vergessen, aber eigentlich war sie doch immer da.

Mir wurde immer klarer, was Maria meinte, und ich verstand immer deutlicher den Sinn des Spiegels: Je öfter ich mir sagte, wie ich sein wollte, desto klarer würde ich erkennen können, wenn es nicht so war. »Das heißt, diese Leere kommt durch ein Leben, das nicht nach den eignen Werten und Leitsätzen gelebt wird?«, fragte ich. »Sí, Señor Jason. Sobald du verstehst, wie du wirklich leben möchtest, fängst du an, diese Leere mit Handlungen zu füllen, die dich stolz machen. Dein Lebenswerk, deine wertvollen Ziele zu finden und jeden Tag den Mut zu haben, daran zu arbeiten, das bedeutet echte Erfüllung.«

Ich hörte gebannt jedes Wort und mir wurde klar, wie wenig ich mich bisher mit mir und mit meinem Leben auseinandergesetzt hatte. Ich wusste nicht, nach welchen Werten ich leben wollte. Ich hatte keine Leitsätze, keine wirklichen Prinzipien, keine Vorstellung von der Person, die ich gern sein wollte. Äußerlich vielleicht. Ich sah mich oft selbst in verschiedenen Situationen, mit schnellen Autos oder in teurer Kleidung, die mir den Respekt anderer zuteilwerden ließen. Je mehr ich darüber nachdachte, desto klarer wurde mir, dass diese Fantasien alle mit den Gedanken von anderen über mich verbunden waren. Ich interessierte mich mehr dafür, was andere über mich dachten, als dafür, was ich selbst über mich dachte.

»Maria, kennst du es, wenn man oft nicht über sich selbst, sondern viel mehr über die eigene Außenwirkung nachdenkt?«, fragte ich sie ehrlich. »Ja, Señor Jason, das ist ganz normal. Fernsehen, Nachrichten, die Gesellschaft, Schule – all diese Einflüsse führen zu einem Leben, dessen Ziel darin besteht, die Ziele von anderen zu verwirklichen. Von Lehrern, Verkäufern oder den Nachbarn. Wir sind jeden Tag so vielen Einflüssen ausgesetzt, die unsere echten, wertvollen Ziele und Ideale zerstören. Aber die Kraft des Dialogs mit dir selbst führt dich zu ihnen zurück.«

»Du sagst also, dass Fernsehen und Nachrichten die Ideale der Menschen zerstören? Denkst du nicht, das ist ein wenig übertrieben?« Maria schüttelte den Kopf. »Informationen werden immer von außen aufgenommen, aber diese Informationen sind leer. Echte Wahrheit ist in dir, und all das, was du wirklich wissen musst, musst du dir selbst zeigen. Der Blick nach innen birgt die wichtigsten Informationen. Du liest, du siehst und hörst jeden Tag, hoffst, dass das, was dir gezeigt wird, wichtige Wahrheiten sind. Du siehst viel, aber du verstehst wenig. Schau dir die Fernsehsendungen an – egal welche. Die Nachricht, die verbreitet wird, ist immer die gleiche: Du musst gewisse Dinge besitzen, um glücklich zu sein. Menschen, die sie besitzen, werden als glücklich dargestellt. In Werbung, Filmen und Serien. Es entstehen große Wünsche nach Glück durch materielle Dinge, die mithilfe von viel Arbeit angeschafft werden müssen. Arbeit, die einen nicht glücklicher macht, weil sie dem Geld folgt und nicht der Leidenschaft, Señor Jason. Wenn die materiellen Dinge dann gekauft sind, ist das Glücksgefühl nur ganz kurz da. Also muss das nächste Spielzeug gekauft werden, und um es zu bezahlen, muss man noch länger die Arbeit machen, die man doch eigentlich gar nicht mag, muss man den Film schauen, den man am liebsten sofort abschalten würde. Ein endloser Kreislauf, der immer tiefer ins Unglück führt. Niemand wird bei deiner Beerdigung aufstehen und sagen: Er hatte die neuesten Designeranzüge und ein teures Auto. Im Leben geht es nicht um Dinge. Die glücklichsten Menschen haben nicht das Beste von allem, sie machen das Beste aus allem. Armut wird dabei viel zu oft falsch verstanden. Es gibt Menschen, die so arm sind, Señor Jason, alles, was sie haben, ist Geld.«

Marias Worte ließen mein Herz plötzlich immer schneller schlagen. Sie sprach von meiner Identität, als wenn sie mich schon ewig kennen würde, auch wenn das unmöglich war. Sie fügte hinzu: »Ich bin wirklich glücklich darüber, wenig zu haben. Ich kann mich über kleine Dinge ehrlich freuen. Ich liebe meine Arbeit, jede Sekunde. Sie ist mein ganzer Stolz. Die Kraft meiner Gedanken und die Freiheit ohne Fernsehen und ohne falsches Bild vom Glück schenken mir das Leben meiner Träume, Señor Jason. Ich bin wirklich reich!«

Noch 5:04 Stunden bis zum Abflug

Ich hörte jedes Wort und war gefesselt. Diese Frau faszinierte mich, und die Art und Weise, wie sie ihr Leben lebte, war so anders und dabei so beeindruckend. Sie lebte das Leben, das sie wollte, keines, das sie musste. Ihre leuchtenden Augen, das ehrliche Lächeln, die Lebensfreude und die Überzeugung waren deutlich sichtbar. Diese Frau war wirklich reich! Ich dachte immer wieder an unsere jüngeren Juniormanager: Elite-Uni-Absolventen, so wie ich es auch einmal war, mit unglaublich gut bezahlten Jobs, viel Prestige, viel Macht. Und trotzdem waren sie so schwer zu begeistern. Sie waren müde. Sie saßen am Schreibtisch, weil sie mussten, nicht weil sie wollten. Logik, keine Leidenschaft! Professionalität, keine Passion!

Wie schaffte es Maria jeden Tag, sich wirklich zu begeistern, ihr Bestes zu geben? »Wo nimmst du deine Willensstärke her, Maria? Wie konntest du zum Beispiel die Entscheidung treffen, einfach kein Fernsehen mehr zu schauen? Wie kannst du jeden Tag mit so viel Energie und Freude zur Arbeit kommen, so viel persönliche Verantwortung übernehmen, so eine starke Führungskraft sein und eine solche Vorbildfunktion erfüllen?«, fragte ich sie. Und sie lächelte wieder und sagte voller Selbstbewusstsein: »Die Kraft des Morgens und die Kraft der Zeit, Señor Jason!« Diese kleine Frau war wirklich voller Geheimnisse, ich begann mich wirklich zu freuen, dass ich sie getroffen und durch die Verspätung meines Fluges die Zeit hatte, ihre Geschichten zu erfahren. Anscheinend musste das passieren und ich musste hören, was sie zu sagen hatte. Ich hatte etwas so Spannendes gefunden, ohne danach gesucht zu haben.

Dieses einzigartige Gefühl führte dazu, dass ich immer mehr herausfinden wollte. »Was heißt das genau, Maria, bitte erklär mir die Kraft des Morgens und die Kraft der Zeit genauer, ich habe noch nie davon gehört.« »Señor Jason, die Kraft des Morgens gibt dir die Möglichkeit, alles zu schaffen, was du willst – solange du es am Morgen tust!« »Warum nur morgens? Ich arbeite oft bis spät in die Nacht und würde vieles sonst niemals schaffen.« »Señor Jason, in meinem Dorf in Nosara auf der Halbinsel Nicoya in Costa Rica, wo ich aufgewachsen bin, gibt es ein paar Weisheiten, die sich die Älteren schon seit Ewigkeiten gegenseitig erzählen. Es sind sehr einfache Gedanken, aber sie haben mir immer sehr geholfen. Oft kann man einfache Dinge sehr kompliziert machen und komplizierte Dinge sehr einfach. In den Weisheiten der Älteren von Nosara geht es immer um die ›wenigen Guten‹«, erklärte mir Maria und sprach dabei fast so, als würde sie mir gerade ein großes Geheimnis verraten. Ich war gespannt. Was bedeuteten »die wenigen Guten« genau? »Waren das

Menschen?«, fragte ich also. »Nein!«, sagte Maria lachend. »Die ›wenigen Guten‹ sind deine besten Entscheidungen. Die wenigen guten Entscheidungen, die du jeden Tag treffen kannst. Wie viele es genau sind, hängt von deinem Charakter ab, aber es sind nie mehr als etwa 50 wirklich gute, reflektierte Entscheidungen, jeden Tag. Du musst also gut auf sie achtgeben.«

Maria erklärte mir die Ermüdung der Entscheidungskraft wie die Ermüdung eines Muskels nach einer schweren Beanspruchung. Es ergab Sinn, aber ich wollte mich vergewissern, dass ich es wirklich richtig verstanden hatte, und fragte: »In Nosara sagt man also, dass die Anzahl guter Entscheidungen, die man jeden Tag zur Verfügung hat, limitiert, aber morgens am höchsten ist, richtig? Die guten Entscheidungen werden dann also über den Tag hinweg immer weniger?« Maria nickte. »Genau, Señor Jason. Die ›wenigen Guten‹ müssen also gut eingesetzt werden.«

Mir wurde plötzlich immer klarer, was Maria meinte. Oft hatte ich frühmorgens das Gefühl, viel stärker zu sein und viel klarer denken zu können. Spät abends war ich meistens leer, ausgelaugt, und meine Arbeit und meine Persönlichkeit waren meistens viel schwächer als noch wenige Stunden zuvor. Die Entscheidungskraft nahm also förmlich ab, je mehr Entscheidungen ich traf. Je mehr Entscheidungen ich treffen musste, desto schwerer wurde es, sie gut zu treffen. »Jetzt verstehe ich die Kraft des Morgens, Maria!«

»Kennst du das Gefühl, wenn es am Nachmittag mit jeder weiteren Stunde, die vergeht, schwerer wird, gute Entscheidungen zu treffen, weiterzumachen, produktiv zu arbeiten?«, fragte mich Maria und sprach mir aus der Seele. »Ja klar, ich kenne das ganz genau. Es ist, als würde man ausbrennen!« Maria nickte wieder lächelnd. »Das ist das Zeichen, dass deine ›wenigen Guten‹ aufgebraucht sind, Señor Jason. Die Kraft deiner Entscheidungen wird immer geringer und so wird ihre Qualität auch immer schlechter. Wenn du also wichtige Entscheidungen – zu deiner Familie, deinem Beruf, deiner Gesundheit und deiner Persönlichkeit – spätabends treffen musst, werden die Ergebnisse niemals wirklich gut sein. Die Kraft des Morgens verspricht dir wirklich gute Ergebnisse durch die Kraft der ›wenigen Guten‹ und durch die Tatsache, dass du gleich zu Beginn jedes neuen Tages deine volle Entscheidungskraft für die wirklich wichtigen Dinge einsetzen kannst. So produzierst du wirklich gute Ergebnisse, Señor Jason!«

Ich war beeindruckt: Die präzise Logik dieser kurzen Weisheit aus dem Dschungel von Costa Rica hatte in diesem Augenblick eine extreme Wirkung auf mich. Ich dachte zurück an die vielen Abende, an denen ich einfach keine gute Arbeit mehr geleistet hatte, obwohl ich es vergeblich versucht hatte. Ich hatte nicht aufgehört. Ich war mir immer sicher gewesen, dass es an meiner körperlichen Verfassung lag. Ich hatte mir dann einfach noch mehr Kaffee oder Energydrinks eingefüllt. Jetzt begann ich zu verstehen, dass es tatsächlich einfach an meiner Entscheidungskraft lag.

»Und was hat es mit der Kraft der Zeit auf sich, von der du eben sprachst, Maria?«, fragte ich nun und freute mich schon jetzt auf die nächste spannende Strategie aus Nosara in Costa Rica. »Du kannst jede neue Entscheidung fest in deinem Leben verankern, wenn du sie lange genug regelmäßig wiederholst! Die Kraft der Zeit erspart dir die Schwierigkeit der Entscheidung.« »Wie soll das funktionieren, Maria?« »Welche Entscheidung fällt dir grade wirklich schwer, Señor Jason?« Ich überlegte nicht lange: »Mein Fitnesstraining regelmäßig durchzuziehen, das fällt mir leider immer noch sehr schwer«, sagte ich und dachte an die vielen Male, an denen ich mein Training immer wieder auf »morgen« verschoben hatte.

»Die Kraft der Zeit kann dafür sorgen, dass es überhaupt nicht mehr schwer sein wird, regelmäßig zum Training zu gehen, wenn du oft genug die Entscheidung triffst, es doch zu tun.«

Es klang nach simpler Wiederholung zur Stärkung der Routine. »Du sagst also, dass ich einfach nur lange genug regelmäßig zum Training gehen muss, sodass es irgendwann einfach wird?« »Ganz genau, Señor Jason! Es ist so wie das Zähneputzen oder Fahrradfahren. Wenn du etwas lange genug immer wieder machst, dann wird es durch die Kraft der Zeit zum Automatismus.« Maria erzählte von einst unentdeckten Wegen im entlegenen Hinterland von Nosara, die erst durch die vielen Schritte der mutigen Wanderer einen Pfad durch den dichten Dschungel bilden konnten. Irgendwann – mit der Zeit – wurden diese Wege dann leicht begehbar. »Wie lange muss ich die Dinge wiederholen, bis sie einfacher werden und automatisch passieren, Maria?«, fragte ich, begeistert von der Idee, schwere Tätigkeiten automatisch absolvieren zu können.

Marias Antwort bestätigte, dass unwegsame Straßen immer zu wunderschönen Orten führen würden. »Etwas über 60 Tage, Señor Jason. Ungefähr die Länge von zwei Vollmonden über dem Strand von Nosara. Etwa zwei Monate, und deine neue Angewohnheit wird fest in deinem Leben verankert sein. Dann ist der Weg für immer freigeschnitten. Wenn du also die Kraft der Zeit mit der Kraft des Morgens verbindest, kannst du jede Eigenschaft lernen und Teil deines Lebens werden lassen. Mach es einfach morgens, mit der vollen Kraft deiner Entscheidungen, und mach es etwa 60 Tage lang, jeden Tag, um es zu automatisieren! Dann ist deine Entscheidungskraft wieder frei für neue Eigenschaften, die du in dein Leben integrieren möchtest. Du kannst alles lernen und alles schaffen, was du willst, Señor Jason. Nutze einfach nur die Kraft des Morgens und die Kraft der Zeit und genieße den Prozess des Wachstums!«

Maria sprach vom Lernen als vom größten Geschenk, das man sich selbst machen kann, und davon, den Moment zu genießen, um wirklich erfüllt zu sein. »Vergiss nicht, mit echter Freude über jeden neuen Tag dein Leben zu genießen. Erfreue dich an der Schönheit aller lebenden Dinge. Jeder Tag und dieser Moment sind ein Geschenk. Vergiss niemals deinen wahren Sinn und fokussiere ihn. Lerne, verankere Eigenschaften, die dich wirklich weiterbringen durch den Dschungel deines Lebens, schneide dir deine Wege frei, immer wieder, und irgendwann kannst du jeden Ort ganz einfach erreichen. Das Universum wird sich um alles andere kümmern«, sagte sie. »Es hat mich wirklich gefreut, dich kennenzulernen, Señor Jason. Wenn du reden möchtest, ich bin hier. Finde mich einfach und wir reden über deine Reise.«

Damit lehnte sie ihren kleinen Körper gegen ihren Putzwagen, der sich langsam zu bewegen begann, und schob ihn aus der Toilette in die großen Hallen des Flughafens. Sie lächelte und zwinkerte mir mit ihren dunkelbraunen Augen und den langen, natürlichen Wimpern zu. Mit kleinen Schritten schob sie ihren Wagen durch die vielen Menschen an den Gates der Abflughalle.

Die Menschen, die ihr entgegenkamen, waren teilweise ungeduldig, uninteressiert, in Eile. Aber Maria behandelte jeden Einzelnen wie einen persönlichen Freund. Voller Wärme und Geduld, mit sanften Blicken, netten Worten und unendlicher Herzlichkeit bahnte sie sich ihren Weg durch ein Meer aus Hektik. Es war, als würde jeder böse Blick durch ihre Liebenswürdigkeit und die Kraft ihrer Gedanken zu Weichheit werden.

Ich versuchte, ihr noch mit meinen Blicken zu folgen, aber sie war verschwunden. Ich lehnte mich an die Wand und versuchte zu verstehen, was grade passiert war. Maria, die kleine Reinigungskraft aus Costa Rica, hatte mir gerade die Augen geöffnet zu Fragen, von denen ich teilweise nicht einmal wusste, dass ich sie hatte, die aber ohne Zweifel mein ganzes Leben verändern könnten.

Ich hatte jetzt eine Verbündete hier am Flughafen, eine Person, die sich wirklich für mich interessierte und der ich vertraute. Ich würde in jedem Fall versuchen, sie später noch einmal wiederzufinden. Ich nahm mir einen Augenblick Zeit, um auf einem Stück Papierhandtuch aus der Toilette die Gedanken aufzuschreiben, die Maria mir geschenkt hatte.

Die glücklichsten Menschen haben nicht das Beste vor allem, sie machen das Beste aus allem.
Wer weiß, wofür das gut ist?
Das Positive in jedem Fremden suchen!
Die Qualität deiner Gedanken bestimmt die Qualität deines Lebens.
Die Natur ergreift keinen Besitz, aber schenkt trotzdem alles.
In meinem Film bin ich der Held!
Feiere deine Fehler!
Der Tag ist voller wunderschöner Purecaken.
Im Leben geht es nicht um Dinge.
Kraft des Herzens und Kraft der Zeit.

3. Begegnung mit Mel

Disziplin üben und lernen, im Team zu spielen

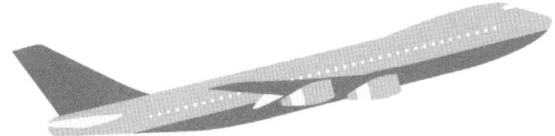

Und plötzlich wurden diese Ruhe und dieser Moment der Klarheit durchschlagen: Mein Handy klingelte laut und ich schreckte zusammen. Ich nahm das Mobiltelefon aus der Innentasche meines Jacketts, und auf dem Display sah ich, wer anrief: Angela de la Barthe, meine Chefin. Sofort nahm ich ab und sagte: »Hey Angela, ich nehme an, dass du es schon gehört hast. Ich sitze am Airport fest. Der Flug hat sieben Stunden Verspätung.« Ich traute mich gar nicht auszusprechen, dass ich gerade auch noch meine Reisedokumente verloren hatte. Eine lange Pause setzte ein, ich hörte Angela am anderen Ende kaum atmen, war sie überhaupt noch dran? »Jason«, hörte ich dann doch ihre kalte Stimme langsam sagen. »Ich hoffe, ich drücke mich klar aus, wenn ich dir sage, dass du unseren Kunden in Doha bei Laune halten musst. Ruf an, schick die Kalkulationen schon vor, tu, was du tun musst, um unsere ganze Vorarbeit nicht zu gefährden. Sie haben eben schon nach deiner neuen Ankunftszeit gefragt. Wir werden heute noch unterschreiben – und wenn das Meeting bis 3 Uhr nachts gehen muss. Wenn wir verschieben, verlieren wir zu viel Dynamik. Der Deal muss heute über die Bühne gehen, Jason! Denk an den Deal, denk an den Bonus!« Und damit legte sie auf.

Doch ich war voll offener Fragen, aufgewühlt, interessiert

und begeistert von all dem neuen Wissen und den vielen neuen Perspektiven, die ich gerade gehört hatte. Ich spürte ein ganz neues Gefühl in mir. Ein Gefühl von Tatendrang, von Klarheit und von Aktion. Es war, als ob die Erde mir ihre Energie durch meine Füße in den Körper fließen lassen würde. Alles, was ich in den letzten beiden Stunden hier am Flughafen und am Gate C30 über das Leben gelernt hatte, bewegte mich und ließ mich nicht mehr los. Es war, als wenn ich ein Leben lang auf diese Gespräche gewartet hatte, auf diese Informationen – und jetzt plötzlich wurden sie Teil von mir und füllten Lücken in meinem Körper, die ich noch gar nicht kannte.

Noch 4:54 Stunden bis zum Abflug

Durch meine Gedanken und die tiefen Gespräche hatte ich ganz vergessen zu essen. Ich wollte meine nächsten Schritte überlegen und planen, wie ich die Suche nach meinen Dokumenten am besten weiterführen sollte. Ich hatte noch etwas Bargeld in der Hosentasche, also nahm ich meine Tasche und die beiden Tageszeitungen, die ich mir heute Morgen gekauft hatte. Auf den Titelseiten sprangen mir sofort in großer Schrift die Tagesthemen ins Auge: Krise, Kriege, Tote, Probleme. Darunter große Werbungen für Luxuswagen und teure Uhren. Ich dachte an Marias Worte über das Fernsehen und die Nachrichten, über Werbung und den Kreislauf des Unglücks. Ich ging los und warf beide Zeitungen im Vorbeigehen in einen großen Mülleimer. Ich hatte bis zum heutigen Tag mit beinah religiösem Eifer jeden Tag mehrere Tageszeitungen gelesen. Das Gefühl, das mich überkam, als die Zeitungen meine Hand verließen und im Müll landeten, war unbeschreiblich. Ein Gefühl von Freiheit, Stärke, Kontrolle und Selbstbestimmung. Ich atmete die Zukunft ein und die Vergangenheit aus, lächelte und ging befreit und entspannt in die große Flughafenhalle mit all ihren Geschäften und den vielen Menschen.

Sofort fiel mir auf, wie düster und allein viele Leute aussahen, die mir entgegenkamen. Ich spürte ihre Eile, den Druck, die Negativität und fing an zu verstehen, was Rob meinte, als er über die Kraft der ehrlichen Nettigkeit sprach und darüber, die Maske abzunehmen. Ich versuchte, fremde Menschen anzulächeln, die an mir vorbeiliefen, so wie Rob es mir geraten hatte. Das Gefühl war ganz neu für mich. Die meisten Menschen waren kurz überrascht, manche auch etwas verwirrt, aber fast alle lächelten zurück, und zwischen uns entstand sofort eine angenehme Verbindung. Eine Art Verbundenheit und Frieden – obwohl wir uns nicht kannten. Es fühlte sich wirklich gut an und fing an, mir Freude zu machen. Ein Lächeln konnte in so kurzer Zeit alles ändern. Wie ein warmer Sonnenstrahl, der für einen Moment durch die schwere, dunkle Wolkendecke hindurchscheint. Ein Sonnenstrahl, dem jeder sich zuwendet, um seine Wärme und Energie aufzunehmen.

Auch Marias Gedanken zum Potenzial scheinbarer Rückschläge wurden mir plötzlich ganz klar. Mein Flug wurde verschoben, ich war am Flughafen gefangen, meine Reisedokumente und meine Geldbörse waren weg und trotzdem führte dieses Ereignis mich zu ganz neuen Dingen. Ich erkannte mich kaum wieder. Ich fühlte mich komischerweise fast gut. So spazierte ich durch den Flughafen, meine Hände frei von den Zeitungen, mein Kopf frei von negativen Gedanken über die Probleme der Welt. Zum ersten Mal hörte ich die Musik am Flughafen spielen, es war, als wenn es in den Liedern plötzlich um mich gehen würde.

Ein Sandwichladen fiel mir ins Auge, weil eine Gruppe von jungen Männern in Trainingsanzügen darin versammelt war. Alle waren sehr groß. Es musste ein Basketballteam sein. Als ich mich näherte, konnte ich den Schriftzug auf der Rückseite der hellblauen Trainingsjacken lesen. NC. Wow, dachte ich mir. Das ist das Basketballteam der North Carolina University, ein extrem starkes Team der Division 1 der Amerikanischen NCAA. Als großer Basketballfan war ich jetzt sogar etwas aufgeregt. Schon Legenden wie Michael Jordan hatten für North Carolina gespielt. Einige der talentiertesten Jugendspieler der Welt standen gerade hier in diesem Sandwichladen. Ich stellte mich in die Schlange und fühlte mich zwischen diesen Riesen wie ein Zwerg – dabei bin ich gar nicht mal klein. Der Geräuschpegel war extrem hoch. Die Jungs aus dem Team waren laut, lustig und gut gelaunt. Ich hörte, dass sie gestern ein wichtiges internationales Freundschaftsspiel in Istanbul gewonnen hatten. Immer wieder hörte ich auch den Namen Melvin. Wer war wohl Melvin?

Noch 4:50 Stunden bis zum Abflug

Als ich mein Sandwich endlich bekam, legte ich es auf ein Tablett und machte mich auf die Suche nach einem freien Tisch. Fast alle Tische des kleinen Ladens waren mit den Jungs aus dem Basketballteam besetzt. An einem der Ecktische im hinteren Teil des Ladens war noch ein Platz frei neben einem der Spieler, der komischerweise deutlich kleiner war als alle anderen, er war sogar kleiner als ich. »Ist hier noch ein Platz frei?«, fragte ich. »Klar, Mann, setz dich!«, sagte der Junge. Ich setzte mich ihm gegenüber und packte mein Sandwich aus dem weißen Wachspapier, in das es eingewickelt war.

Wir redeten zunächst nicht. Als ich den ersten Biss von meinem Sandwich nahm, trafen sich unsere Blicke und er lächelte. »Guten Appetit, Mann!«, sagte er und zog am Strohhalm seines Getränkebechers. Ich kaute, schluckte und sagte: »Glückwunsch zum Sieg, ich habe eben gehört, dass ihr gerade ein wichtiges Spiel gewonnen habt, richtig?« »Danke, Mann, ja, wir haben gestern gegen Fenerbahçe Istanbul aus der Euro-League gewonnen, eines der besten Teams des Landes. Ein heftiges Spiel!« Jetzt war ich noch mehr beeindruckt. »Wow! Da kann ich mir gut vorstellen, wie schwer dieses Spiel war. Und Melvin – das muss sicher euer Trainer sein – ist bestimmt sehr stolz, oder?« Der Junge lachte »Haha. Nein, Mann, Melvin ist nicht unser Trainer. Melvin bin ich, Mann.«

Das war mir nun natürlich etwas unangenehm. Hätte ich den Jungen kennen müssen? »Oh, das tut mir leid. Ich bin nicht ganz auf dem neuesten Stand beim College-Basketball. Viel Arbeit in den letzten Jahren.«

»Kein Problem, Mann! Alles cool!«, sagte er. Ich erklärte: »Ich habe gerade immer wieder die anderen Jungs deinen Namen sagen hören. Ist etwas Besonderes vorgefallen während des Spiels?« Sofort lehnte sich einer der Jungs vom Nebentisch zu mir rüber und sagte: »Mel hat das ganze Spiel dominiert. 33 Punkte, zwölf Assists, sieben Rebounds. Und er hat den Siegtreffer gemacht, einen Dreier in der Schlusssekunde, der das Spiel entschieden hat. Mel ist einer der größten Talente des Landes. Schaust du kein Fernsehen, Alter?« »Zu viel Arbeit«, sagte ich noch einmal leise und wieder traf mein Blick den von Mel. Ich saß einem der besten Jugendbasketballspieler des Landes gegenüber, der mich jetzt anlächelte und sagte: »No worries, Mann, mach dir nichts draus, ist nicht alles mein Verdienst.« Er wischte ein paar Brotkrümel vom Tisch. »Also, ich heiße Melvin, aber meine Jungs hier aus dem Team nennen mich meistens Mel.« Ich reichte ihm die Hand und sagte: »Jason, freut mich!« Ich war etwas verwirrt, als Mel mir seine Faust hinhielt. Ich machte auch eine Faust und wir begrüßten uns so, wie ich es früher mit meinen Freunden an der Uni gemacht hatte. Ich musste schmunzeln. »Na ja, aber es klingt doch schon so, als wenn du echt wichtig gewesen wärst für diesen Sieg! Ich meine, 33 Punkte – das ist ja unglaublich!« »Klar, aber das Team hat gewonnen, nicht ich. Ich kann immer nur so gut sein wie mein Team, wie die Menschen, die um mich herum sind. Sie machen mich zu dem, was ich bin auf dem Platz.« Mel erzählte zwischen den

Schlucken aus seinem Becher über sein Team, was für ihn wie eine Familie ist: »Wenn du schnell sein willst, dann geh allein. Wenn du aber weit kommen willst, dann geh mit anderen – als Team.«

Ich war verblüfft von der Einstellung dieses Jungen. Wenn ich so ein herausragendes Spiel absolviert hätte, wäre ich sicher weniger bescheiden. Mir ging es im Beruf immer eher um mich und meine Erfolge als um das Team. »Glaubst du nicht, dass du einfach extrem talentiert bist, auch unabhängig von anderen?«, fragte ich ihn. »Du bist auf dem Platz niemals unabhängig von anderen, Mann. Jeder Spieler ist am Ende der Durchschnitt der anderen Teammitglieder, mit denen er jeden Tag trainiert. Die anderen Jungs, mit denen ich auf dem Platz stehe, beeinflussen direkt auch meine Performance im Spiel. Und das gilt für das Basketballfeld, aber auch für das Leben.«

Mel begann mir von seiner Kindheit zu erzählen, von den Orten, an denen er aufgewachsen ist und wie sie sich auf ihn und die anderen jungen Menschen in seinem Umfeld ausgewirkt haben. Davon, dass man, wenn man von negativen Menschen umgeben ist, so wie er es in seiner Kindheit und Jugend war, sehr gefährdet ist, selbst abzurutschen. »Schlechte« Freunde würden Menschen oft daran hindern, »gute« Freunde zu finden. Die »schlechten« Freunde würden zwar oft cool wirken, aber ein guter Ruf sei wichtiger als ein cooles Image. »Ich komme aus einer schlechten Gegend, Mann. Viele Jungs aus meiner Nachbarschaft sind schon sehr früh auf die schiefe Bahn geraten. Drogen, Waffen, Alkohol. Nicht jeder ist dafür bestimmt, ein Teil deiner Zukunft zu sein. Du musst die Zeichen lesen lernen. Einer der teuersten Fehler, die du machen kannst, ist, dich mit den falschen Menschen zu umgeben. Der Sport hat mich immer gerettet und mich mit Menschen zusammengebracht, die Ziele haben. Aber nur weil meine Vergangenheit nicht so verlaufen ist, wie ich es wollte, hieß das für mich nie, dass meine Zukunft nicht besser sein konnte. Hätte ich dabei aber nicht die richtigen Menschen um mich gehabt, wäre ich wahrscheinlich heute nicht hier. Auch wenn es oft schwer war, alte Freunde zu verlassen, wusste ich genau, dass ich in meiner Entschlossenheit niemals nachgeben durfte, nur weil es Menschen gab, die nicht mit meiner Entwicklung umgehen konnten.«

Mel erzählte davon, gefährliche Menschen, eine harte Vergangenheit und schlechte Angewohnheiten loszulassen, um Platz zu schaffen für neue Dinge, die in sein Leben kamen. »Je mehr ich den Sport und ›gute‹ Jungs für mich entdeckt hatte, desto mehr habe ich ›schlechte‹ Freunde verloren. Die konnten das oft nicht verstehen. Sie hielten mich für schwach, ängstlich, langweilig oder illoyal. Für mich war es auch nicht immer einfach, mich auf mein Ziel zu konzentrieren, statt mit ihnen weiter Zeit zu verbringen. Ich kannte viele von ihnen ja schon seit der Kindheit, aber manchmal musst du dich von Menschen trennen, Mann, nicht weil es dir egal ist, sondern weil es ihnen letztlich egal ist. Natürlich merken sie dabei, wie du dich veränderst, aber nicht, wie ihr Verhalten dazu geführt hat, dass du dich verändern musstest.«

»Du sagst also, dass deine Leistung und dein Erfolg im

Basketball von deinem direkten Umfeld abhängen?«, fragte ich erstaunt. »Natürlich! Und nicht nur von meinem direkten Umfeld, sondern auch vom Umfeld meines Umfeldes und von dessen Umfeld.« Ich konnte nicht folgen. Was meinte er? »Das verstehe ich nicht ganz, Mel. Das Umfeld des Umfeldes?«, fragte ich und nahm noch einen Biss von meinem Sandwich. »Klar, Mann«, sagte Mel, zog noch einen großen Schluck durch seinen Strohhalm und machte mir klar, wie sehr sich Menschen gegenseitig beeinflussen und damit nicht nur ihr unmittelbares Umfeld berühren, sondern auch die Freundesfreunde und sogar deren Freunde. »Wenn ein Spieler in meinem Team einen großen Bruder hat, dann hat der einen direkten Einfluss auf ihn. Wenn dieser große Bruder schlechte Entscheidungen trifft und sich mit kriminellen Jungs aus dem Getto umgibt, dann ist es möglich, dass dieser schlechte Einfluss, auch wenn er weit weg von mir passiert, bis zu mir durchdringt. Ich kann nichts für den schlechten Einfluss des großen Bruders meines Mitspielers, aber er könnte trotzdem starke Konsequenzen für mich und unsere Mannschaft haben. Du kannst die Jungs aus dem Getto rausholen, aber oft nicht das Getto aus den Jungs holen, wenn die Einflüsse sich nicht ändern. Jedes Spiel ist ein Produkt deines direkten und indirekten Teams.«

Er hatte recht: Schlechte Einflüsse waren wie Dominosteine. Wenn einer fiel, war das Ergebnis auch für viele weitere Steine spürbar und verbreitete sich wahnsinnig schnell. Es braucht also einen unumstößlichen Stein, um die gefährliche Kraft der negativen Einflüsse aufzuhalten. »Interessant«, sagte ich und fragte sofort weiter: »Wie konntest du dich fernhalten von schlechten Einflüssen, wie konntest du sie aufhalten, vor allem auch dann, wenn sie durch indirekte Quellen auf dich Einfluss nehmen konnten?«

Mels Augen leuchteten. »Ich bin der Einzige, der 100 Prozent Kontrolle hat über die Dinge, die ich tue. Ich entscheide. Die Entscheidung, mich ständig zu verbessern, an mir zu arbeiten und zu kämpfen, um immer besser zu werden, das ist der Schlüssel zu diesem Leben gewesen. Menschen sehen immer nur Mel, das Supertalent, keiner sieht die Stunden, Tage, Wochen, Monate und Jahre, die ich trainiert habe. Stell dir vor, deine Zukunft ist wunderschön und du allein bist schuld daran. Mein Vater hat immer gefragt: ›Wie hart trainierst du, Mel, wenn keiner zuschaut?‹ Das hat mich gepusht, Mann! Ich war auf dem Platz, wenn andere gefeiert haben, war im Fitnessstudio, wenn andere geschlafen haben. Ich habe gelernt, während andere über mich gelacht haben. Dieses Spiel hat viel weniger mit Talent zu tun, als alle denken. Fehlendes Talent ist die Ausrede der Jungs, die nicht hart genug trainieren. Mein Dad war Musiker, der beste Schlagzeuger, den ich jemals gehört habe. Er sagte immer: ›Melvin, lern das Instrument zu spielen, anstatt zufällig den richtigen Takt zu treffen.‹ Also habe ich trainiert, jeden Tag, egal wie viele Pokale ich gewonnen hatte. Pokale verstauben, aber der Stolz über jede erfolgreiche Trainingseinheit hält ewig. Niemand hätte jemals für möglich gehalten, dass ich zum College gehe, um Basketball zu spielen, Mann. Ich bin 1,68 Meter, komme aus einer armen Gegend mitten im Niemandsland, keiner aus meiner Highschool-Klasse ist aufs College gegangen. Ich hatte eigentlich immer alles gegen mich. Also habe ich die Entscheidung getroffen, besser zu werden, selbst die Chancen zu verändern, jeden Tag. Und zwar auf dem Spielfeld, im Leben und im Kopf.«

Ich war beeindruckt. Ich dachte an die vielen Jahre meiner Zeit als Student, die ich mit Feiern verbracht hatte. Das Lernen fühlte sich immer an wie eine Qual. Dieser Junge sah es als eine Chance! »Das Umfeld konnte ich oft nicht ändern, Mann«, fügte Mel hinzu, »aber mich selbst kann ich immer ändern. Das hat mich hierhergeführt.«

Ich war sprachlos. Die Perspektive dieses Jungen war beeindruckend. Er hat in seinem Leben nur das geändert, was er ändern konnte: sich selbst. Was für ein starker Gedanke! Aber wo nahm er den Mut her, trotz seines Körperbaus so groß zu träumen? Er hatte offensichtlich mindestens einen klaren Nachteil, den er niemals ändern konnte. Deshalb fragte ich: »Hat dir deine fehlende Größe keine Angst gemacht, Mel?«

»Klar hat mir das Angst gemacht, dass ich klein bin und niemand an mich geglaubt hat, aber Angst ist gut! Angst zeigt dir den Weg zum nächsten Punkt, zum nächsten Sieg! Championships gewinnst du nicht durch den Kampf gegen das Alte, sondern mit dem Fokus auf das Neue, vor allem auf das, was schwer ist und dir Angst macht. Du konfrontierst dich mit der Angst beim Training, bis die Angst machtlos wird, bis der schwerste Spielzug jedes Mal sitzt. In den besten Spielen sind deine Hoffnung und dein Vertrauen größer als deine

Angst. Glaubst du, ich hatte gestern keine Angst, den letzten, alles entscheidenden Dreier zu machen?« Jetzt sprach Mel voller Energie, seine Hände gestikulierten und seine Augen leuchteten. »Aber genau darum geht es doch, Mann! Mein Vater hat immer gesagt: ›Mach das, was dir Angst macht, und deine Angst wird machtlos. Auf der anderen Seite deiner Angst ist der nächste Sieg.‹ Ich war immer der Kleinste, immer voller Angst, hatte alles gegen mich. Aber ich wusste immer, solange ich Angst habe, bin ich auf dem richtigen Weg. Wenn ich das mache, was mir Angst macht, dann werde ich besser. In dem Moment, in dem der Ball gestern eine Sekunden vor Schluss meine Finger verlassen hatte, war meine Angst machtlos und ich hatte gewonnen. Jedes Mal, wenn ich gegen größere, stärkere und bessere Jungs angetreten bin, war meine Angst machtlos und ich habe gewonnen. Wenn ich nicht gewonnen habe, bin ich gewachsen und habe mir dadurch immer mehr Respekt verschafft auf dem Platz. Egal, wie die Umstände sind, Mann, solange du gegen deine Angst gewinnst, kannst du nicht mehr verlieren!«

Noch 4:34 Stunden bis zum Abflug

Ich versuchte herauszubekommen, warum dieses Ausnahmetalent mit diesen Weltklassegedanken zu Team, Angst und Training ganz allein am Tisch saß und nicht mit seinen Teamkollegen. Er wirkte fast wie ein Außenseiter, obwohl er eigentlich der Mittelpunkt war. »Wieso sitzt du hier eigentlich so allein, Mel? Müssten sich nicht alle darum reißen, neben dir zu sitzen?«, fragte ich also. Dabei dachte ich an die großen Mega-Athleten mit ihrer Entourage und all denen, die am Zauber der scheinbar unerklärlichen Fähigkeiten dieser Superperformer teilhaben wollen. Mel wirkte nüchtern, als er sagte: »Ich mag es, zwischendurch allein zu sein. Mein Leben ist schon seit der Highschool so hektisch, laut, voller Druck und mit vielen Emotionen.« Er erzählte, wie er schon mit 13 Jahren von Talentscouts entdeckt wurde und fortan ständig im Fokus stand und zu den ganz hoch gehandelten Nachwuchsspielern zählte. Es war immer schon sein Ziel, hoch zu fliegen, aber auf dem Boden zu bleiben. Immer authentisch in der Kabine und bescheiden im Scheinwerferlicht der Arena. »Ich versuche, jeden Tag ein paar Minuten allein zu sein. Ich freue mich an der Ruhe und lerne in dieser Zeit viel über mich selbst. Wie es mir geht, wo ich stehe, was ich will und was nicht. Nur wenn ich auch allein glücklich bin, kann ich auf dem Spielfeld glücklich und erfolgreich sein«, sagte er und biss in einen hellgrünen, glänzenden Apfel. »Es ist die Stille, die ich brauche, um mehr zu hören. Die Stille und die Pausen helfen mir dabei, wirklich gute Ergebnisse zu erzielen – im Leben und im Sport. Viele denken, man müsste härter arbeiten, um mehr zu schaffen, oft ist es aber genau andersherum. Coach Smith, unser Trainer, nennt das transiente Hypofrontalität.« »Wie bitte?«, fragte ich. »Erst wenn das Gehirn kurz abschaltet, kommen die wirklich guten Ideen und du wirst richtig gut. Erst dann bist du im Flow. Die Pausen sind superwichtig, Mann.«

Hatte ich den nächsten Michael Jordan gerade in einer seiner so wichtigen Ruhephasen gestört? »Das tut mir leid, Mel, ich wollte dich nicht stören«, sagte ich sofort und wollte schon mein Tablett wegräumen und gehen. Mel winkte ab. »Chill, Mann, kein Problem, du siehst aus, als könntest du Gesellschaft gebrauchen. Hier, willst du ein paar Nüsse?« Mel reichte mir eine Tüte mit Nüssen und Rosinen. »Du ernährst dich ja vorbildlich, Mel. Ist das eine Vorgabe des Trainers?«, sagte ich und nahm mir eine Handvoll aus der Tüte. In dem Moment, in dem ich anfing zu kauen, erinnerte ich mich an diesen Geschmack. Ich hatte seit Jahren keine Nüsse und Rosinen mehr gegessen. Der Geschmack versetzte mich zurück in meine Kindheit, meine Oma hatte mir immer Nüsse zur Schule mitgegeben. »Wir dürfen essen, was wir wollen, aber ich ernähre mich immer so gut, wie es geht; vor allem auf Tour bei Auswärtsspielen ist das manchmal schwer, also hab ich oft Nüsse dabei. Bei gesundem Essen geht es weniger darum, was du willst, sondern viel eher darum, was du brauchst. Ein großer Unterschied, den wenige verstehen. Wusstest du, dass 90 Prozent deiner körperlichen Fitness davon abhängen, was in deinen Magen kommt, Mann?« Ich war überrascht. Ich hatte immer gedacht, dass genug Fitness ausreicht, um gesund zu sein. Sofort dachte ich an die vielen saftigen Steaks, die cremigen Nachtische, teuren Weine und all das, was ich sonst so aß, wenn ich geschäftlich die Welt bereiste. Kein Wunder, dass ich mich seit Jahren körperlich unwohl fühlte.

»Ich esse fast nur frische und unverarbeitete Dinge, in denen noch Leben steckt«, sagte Mel und nahm noch eine

Handvoll Nüsse. »Viel Obst, Gemüse und Nüsse.« Ich war kurz gefesselt vom Bild ausschließlich frischer Nahrungsmittel. Und als ich über die Salami auf meinem Sandwich nachdachte, fing ich an zu verstehen, was er meinte. Ich war nie Vegetarier und wollte es auch nicht werden, aber die Vorstellung der Energie und Vitalität aus frischen, natürlichen Dingen war plötzlich klarer als je zuvor. Eine saftige Orange, ein knackiger glänzender Apfel oder ein bunter Salat. Es war, als könnte man das Leben in diesen Dingen fast sehen und mit in sich aufnehmen. Mel sprach auch über die Energie, die durch die Verdauungsprozesse aufgewendet wird. »Ein Stück Fleisch ist zwei Tage in dir unterwegs, Mann, und kostet dabei richtig viel Energie. Eine Wassermelone hast du in 15 Minuten verdaut und dann hast du wieder Energie frei für die nächste Trainingseinheit.«

Ich hatte schon von so vielen Diäten gehört und gelesen und etliche ausprobiert, aber immer auf die äußerlichen Ergebnisse geachtet, darauf, wie mein Körper aussehen würde, nicht auf all das, was in meinem Körper passiert. »Und was ist in deinem Becher?«, fragte ich, als Mel noch einen langen Schluck aus dem Strohhalm zog. »Stilles Wasser«, erklärte er, nachdem er geschluckt hatte. »Damit behältst du immer einen klaren Kopf.« Ich war fasziniert und sah mich um. Viele seiner Teammitglieder tranken Softdrinks, so wie ich. Er war allein mit seinem Wasser. »Du denkst, dass das, was du trinkst, mit deinem Kopf zusammenhängt und dein Denken beeinflusst, Mel?«, fragte ich und nahm ungläubig einen Schluck von meinem Softdrink. Mel lachte. »Genauso wie die Menschen, mit denen du dich umgibst, dich beeinflussen, so hat auch deine Ernährung einen direkten Einfluss auf dein Leben und die Performance auf dem Feld. Es ist eine Verbindung aus Körper und Geist. So wie du dich um deinen Körper kümmerst, so kümmerst du dich auch um deinen Geist. So wie du deinen Körper trainierst, so trainierst du auch deinen Geist. Nimm dir jeden Tag Zeit, das Geschenk deines gesunden Körpers zu trainieren und zu pflegen – alles andere ist nicht fair, es ist der einzige Körper, den du hast. Mein Vater hat immer gesagt: ›Den Wert der Gesundheit erkennst du immer erst dann, wenn sie fort ist.‹ Kennst du das Gefühl, wenn du krank im Bett liegst und nichts machen kannst? Erinnere dich an dieses Gefühl, wenn du das nächste Mal nicht sicher bist, ob du trainieren willst.«

Die Perspektive auf meine Gesundheit, die Mel mir hier im Sandwichladen aufzeigte, öffnete mir die Augen. »Training scheint eine große Rolle zu spielen in deinem Leben, Mel?«, fragte ich. »Training ist die Basis jedes echten Handwerks. Nur durch Training wirst du stark. Wichtig ist dabei die Eigenverantwortung. Unser Coach sagt immer: ›Wenn du den Ball hast, bist du das Spiel.‹ Viel zu viele Menschen wollen den Ruhm des Spielmachers ohne das Risiko der Verantwortung und des potenziellen Verlusts. Sie wollen den Ball, aber nicht die Verantwortung. Wenn das Spiel nicht funktioniert, wollen sie sich die Schuld nicht eingestehen. Schau dich mal in der Welt um, Mann. Männer beklagen sich über Frauen, Frauen über ihre Männer. Die Beziehung funktioniert nicht? Der andere ist schuld. Der Job macht keinen Spaß? Der Chef ist das Problem. Der Erfolg bleibt aus? Die starke Konkurrenz ist zu groß. Das Team verliert? Der Schiedsrichter war unfair. Du bist nicht fit genug? Die Öffnungszeiten des Fitnessstudio sind nicht optimal.

Aber das stimmt nicht! Niemand anderes ist schuld und muss sich ändern, du musst einfach besser werden – das ist alles! Die wichtigste Trainingseinheit ist dabei immer die letzte. Zu viele fangen ambitioniert an und enden müde. Bleibe konzentriert. Der letzte Wurf, bevor das Training endet, ist einer der wichtigsten. Der muss sitzen, Mann, dann verinnerlichst du die Qualität über Nacht. Alles Gute bleibt hängen. Training gewinnt Meisterschaften, denn Training kannst du kontrollieren – deinen Gegner nicht.«

Ich musste sofort an meine eigenen Ausreden und Schuldzuweisungen denken, die ich immer wieder nutzte, um die Verantwortung von mir auf andere zu übertragen. Dieser Junge hatte mit jedem Wort recht! »Wie alt bist du, Mel?« fragte ich, nachdem ich seine letzten Gedanken über Gesundheit, Fitness, Verantwortung und Schuldzuweisung hatte sacken lassen und mit meinem Sandwich nur noch rumspielte, weil mir der Appetit auf ungesundes Essen plötzlich vergangen war. »Ich bin 18 Jahre alt, einer der jüngsten Spieler im Team. Und der kleinste der Liga«, erklärte er mit einem breiten Grinsen.

»Woher hast du all diese Gedanken zum Leben, Mel? Du sprichst immer wieder von deinem Vater, hat er dir das alles beigebracht?«, fragte ich und war mir fast sicher, dass sein Vater ein Basketballstar der letzten Generation sein musste.

Mels Blick senkte sich für einen Augenblick. Es wurde kurz still zwischen uns. »Ja«, sagte er dann. »Alles, was ich weiß über Basketball und über das Leben, weiß ich von meinem Dad.« »Er muss unglaublich stolz auf dich sein, oder?« Mels sonst so leuchtende Augen wurden ganz kurz traurig. »Mein Dad ist leider schon länger nicht mehr bei uns.« Ich hätte meine Worte am liebsten wieder zurückgenommen. »Oh, das tut mir unglaublich leid, Mel. Das wollte ich nicht.« Mel lenkte ein: »Mach dir nichts draus, Mann, er lebt in mir weiter. In jeder richtigen Entscheidung, die ich treffe. In jedem Tag, dessen Potenzial ich voll ausnutze, um besser zu werden und meinen Traum zu leben. Das war sein größter Wunsch. Er war sehr krank und hat in den letzten Monaten seines Lebens all sein Wissen, seine Gedanken über das Leben, über diesen Sport, über Familie und Erfolg an mich weitergegeben. Sein größtes Geschenk an mich aber war seine Bibliothek.« Mel erzählte mir von einer einzigartigen Sammlung von Büchern, die sein Vater ihm hinterlassen hatte. Die berühmtesten Bücher zu Persönlichkeitsentwicklung, Psychologie, Sport und Training, Biochemie und Philosophie. Unbezahlbare Schätze voll Spiritualität, Motivation und Business. Die einzigartigen Biografien der ganz großen Sportler und Denker, der Menschen, die Jahrzehnte ihrer wichtigsten Lebenserfahrung auf wenigen Seiten zusammengefasst haben, um es anderen zu schenken. Er sagte: »Das Wissen, das in diesen Büchern verborgen ist, hat die Kraft, jedes Leben zu verändern und Wunder wahr werden zu lassen. Schau mich an, Mann. Der Kleinste, der Jüngste – und trotzdem bin ich

Teil dieses Teams. Alles ist möglich, Mann, und alles, was du brauchst, um das zu schaffen, ist hier und hier.« Dabei zeigte Mel zuerst auf seinen Kopf und dann auf sein Herz.

Ich war berührt. Der Vater dieses Jungen hatte ihm die wertvollste Hinterlassenschaft geschenkt, die es gibt. Kein Geld, keine Häuser, aber das Wissen, das er brauchte, um all das zu erreichen, was er sich erträumt hat. Egal, wie alt, und egal, wie klein er war. »Mein Dad sagte immer: ›Ein Haus ohne Bücher ist wie ein Zimmer ohne Fenster.‹ Und er hatte recht, Mann«, sagte Mel und lachte. »Wir reisen mit dem Team sehr viel. Ich lese dabei jede Woche ein Buch. Ich versuche, jeden Tag neue Dinge zu lernen, damit der Abstand zwischen der Person, die ich bin, und der Person, die ich sein will, kleiner wird. Ein einziger Satz, irgendwo versteckt zwischen den Seiten eines Buches, kann dein ganzes Leben verändern, sogar auf dem Spielfeld. Alles, was ich weiß über Disziplin, Teamwork, Motivation, meine Ziele, Routinen, Selbstbewusstsein – alles kommt von hier.« Mel öffnete seine Sporttasche und ich sah drei dicke Bücher. »Lies jeden Tag im Buch eines Weltklassedenkers, Sportlers oder einer Person, die das geschafft hat, was du gern erreichen willst! Das ist wie ein Gespräch mit dieser Person und wischt den Staub von der Seele, den der Alltag dort hinterlassen hat. Sportler, die Besten der Besten, Präsidenten, Business-Tycoons, Selfmade-Milliardäre, superintelligente Denker und Philosophen – Menschen, die das Leben gemeistert haben.«

Ich war sprachlos. Ein 18-jähriger Junge aus einem gefährlichen Vorstadtghetto erzählte mir gerade, warum ich mehr lesen müsste. Ich konnte mich nicht einmal an das letzte Buch erinnern, das ich gelesen hatte. Ich suchte für mich nach einer passenden Ausrede. »Ich habe leider nicht so viel Zeit zum Lesen. Zu viel Arbeit, weißt du! Wie schaffst du es, dir immer wieder fürs Lesen Zeit zu nehmen?« »Das ist wie auf dem Feld, Mann. Nach dem Spiel ist vor dem Spiel. Wir analysieren, was gut war und was nicht. Wir schauen uns Tapes an, Aufnahmen vom Spiel. Wir verbessern jeden Tag die Leistung des Vortags, checken die Spielzüge und Systeme, machen mehr von dem, was gut war, und eliminieren die Fehler. Mach dir jeden Abend klar, was hätte besser sein können, was produktiv war, was gut war. Mach weniger Schlechtes, wiederhole nicht deine Fehler, sondern fokussiere die guten Dinge, das Produktive, das, was Punkte bringt und Siege einfährt. Wenn du heute hättest lesen können und es nicht getan hast, dann mach dir das heute Abend klar und lies dafür morgen! Wenn das Lesen dann gut war und dich weitergebracht hat und sich richtig anfühlte, dann erinnere dich am Abend daran und mach es in den nächsten Tagen immer ein bisschen mehr. Es ist genau wie auf dem Feld, Mann. Was war gut, was war schlecht? Und irgendwann gewinnst du dann die ersten Spiele. Der Ball muss aber laufen, du darfst nicht stehenbleiben.«

Noch lange, nachdem er sie ausgesprochen hatte, kreisten Mels Worte in meinem Kopf. Diese ganz neuen Ansichtsweisen machten etwas mit mir. Wie Mel das Leben auf einzelne Tage, ja fast Spielzüge und spielentscheidende Punkte runterbrechen konnte, faszinierte mich. Es wirkte so einfach und logisch. Es klang absolut sinnvoll für mich, und ich wollte mehr erfahren von diesem Ausnahmetalent mit einer Sammlung an Büchern und Weisheiten, die ihm sein Vater hinterlassen hatte. Seine Bibliothek war wie ein unbezahlbares Geschenk. Ein täglicher Geburtstag. Ein Paket, das er immer wieder auspacken konnte – mit jeder neuen Seite, die er aufschlug. Die Bücher waren wie das Gegengift zu seiner schweren Kindheit.

Ich vergaß in meiner erneut aufgeflammten Wissbegierde für einen Augenblick, dass ich immer noch nach meiner Geldbörse suchen musste. Dieses Gespräch mit Mel, dem nächsten ganz großen Basketballsuperstar unserer Zeit, fühlte sich an, als wenn ich vieles von dem, was mir fehlte, gerade schon wiedergefunden hatte.

Dieser Junge wirkte so jung und trotzdem so vollkommen. Ich wollte unbedingt wissen, was jemand wie er überhaupt noch alles erreichen wollte. »Gibt es Dinge, an denen du gerade noch arbeitest, Mel, Dinge, die du ändern willst?« Mel lachte und erzählte, dass er unbedingt jeden Tag früher aufstehen wolle. Für ihn wären die klaren, frühen Sonnenaufgänge wie die besten Chancen des Lebens. Wenn man zu lang warte, wären sie schon vorbei. Ein kleines Zeitfenster aus endlosen Möglichkeiten. »Ich war immer ein Langschläfer. Und nun versuche ich, jeden Morgen um fünf Uhr aufzustehen. Eine echte Herausforderung! Meine Jungs nennen mich Träumer. Aber es gibt mittlerweile keinen Tag mehr, an dem ich nicht früher wach bin als jeder hier in diesem Team.«

»Warum willst du so früh schon aufstehen?«, fragte ich.

»Viele Studenten an deiner Uni gehen doch sicher erst um fünf Uhr ins Bett«, ergänzte ich lachend.

»Der Tag hat 24 Stunden, Mann«, erklärte Mel. »Das ist für jeden gleich. Wie ein Konto, auf dem wir alle den gleichen Kontostand haben. Es gibt kein ›arm‹ oder ›reich‹. Alle haben die gleiche Chance. Das ist sonst nirgends so. Die meisten Jungs im Team stehen so gegen sieben oder acht Uhr auf. Wenn ich um fünf Uhr schon auf dem Platz stehe und Körbe werfe, habe ich einen Vorteil. Einen Vorteil, der irgendwann nicht mehr aufzuholen ist. Ich bin vielleicht jünger, kleiner, aber wenn ich einfach härter trainiere, früher aufstehe, bessere Entscheidungen treffe – und das jeden Tag –, dann ist die Summe meiner Vorteile irgendwann nicht mehr aufzuholen, egal wie alt oder groß die Jungs sind, gegen die ich antreten muss. Der Tag hat nur 24 Stunden, darüber habe ich keine Kontrolle. Was ich aber aus diesen 24 Stunden mache, das kann ich jeden Tag entscheiden. Es ist, als könnte ich in jedem Angriff zwei Extrasekunden auf der Shot Clock meiner Spiele hinzufügen. So gewinnst du Championships, Mann!« Mel machte mir klar, dass es für jeden Menschen schwer sei, früh aufzustehen, aber dass der Start das Entscheidende sei. Man müsse nicht gut sein, um früh zu starten, aber man müsse früh starten, um gut zu sein. Jedes Mal, wenn ich mich zu den frühen Check-ins meiner internationalen Businessflüge morgens aus dem Bett quälte, waren es einzig und allein die zu erwartenden Belohnungen, die mich motivierten. Wie aber schaffte es Mel, sich immer wieder selbst dazu zu bringen, jeden Morgen aus eigener Kraft und Willen um fünf

Uhr mit den ersten Sonnenstrahlen aus dem Bett zu steigen? Er brauchte offensichtlich keine großen, lukrativen Deals, die kamen und an die Tür klopften. Er hatte einen inneren Wecker für sich entwickelt – aus riesigen Visionen, mit denen er jeden Tag startete.

Ich wollte genau wissen, welche Strategien er nutzte. »Wie steht man jeden Morgen um fünf Uhr auf, ohne es zu müssen? Es passiert ja schließlich nichts, wenn du es mal nicht schaffst. Wie überzeugst du dich immer wieder im Kampf gegen die Gemütlichkeit?«, frage ich.

»Es gibt ein paar Tricks«, sagte Mel. Ich war gespannt. »Allen voran die Überzeugung, dass diese eine starke neue Angewohnheit viele schwache alte Angewohnheiten ersetzen wird. Wenn du dich dazu entscheidest, jeden Morgen um fünf Uhr aufzustehen, dann wirst du am Tag davor nicht mehr lange wach bleiben, nicht ewig feiern gehen, nachts kein Fernsehen mehr schauen, spät nichts mehr essen. Du änderst eine Zahl in der Formel und das Ergebnis wird riesig anders. Normalerweise kommen große Sprünge über Zeit, hier kommen sie über Nacht.«

»Was sind die Tricks, Mel?«, fragte ich. »Ich will wirklich gern wissen, wie du das umsetzt, sodass ich das auch für mich versuchen kann.« »Ganz einfach, Mann. Deinen Wecker im Raum so platzieren, dass du aufstehen musst, um ihn auszumachen. Wenn du einmal stehst, bist du wach, Mann. Ich habe ein sehr entspanntes Lied als Weckton, nicht so einen anstrengenden Buzzer. Außerdem mache ich mir abends schon meinen Trainingsplan für den folgenden Morgen, so weiß ich genau, wofür ich aufstehe. Ich versuche, so ins Bett zu gehen, dass ich auf jeden Fall acht Stunden Schlaf bekomme, das ist wichtig für die Regeneration, wir sind ja alle Leistungssportler, und der Muskel wächst in den Pausen, nicht während der Belastungen. Und ich sage dir eins, Mann, das Gefühl, vor allen anderen wach zu sein, ist echt gut. Du fühlst dich schneller, frischer, smarter! Vertrau mir, versuch es mal, Mann!«

Mir gefielen seine Gedanken, weil sie simpel und nachvollziehbar wirkten. Vor allem die Idee des Wecktons ließ mich schmunzeln, weil ich tatsächlich jeden Morgen von einem ohrenbetäubenden Klingeln aufwachte, das klang wie ein Feueralarm.

»Hörst du gern Musik, Mel?«, fragte ich und schaute auf seine großen roten Kopfhörer, die er um den Hals trug. »Klar, Mann, Musik ist extrem wichtig für mich und meinen Sport. Ich nutze Musik als Werkzeug.« »Als Werkzeug? Das musst du mir genauer erklären«, erwiderte ich ungläubig und fragte mich, was er mit Werkzeug in Verbindung mit Musik wohl meinen konnte. Er sprach sofort über die Stärke der Musik und über ihren einzigartigen Zugang zu Menschen und ihren Emotionen. Man würde Telefonnummern, Matheformeln und sogar Namen oft direkt, nachdem man sie gehört hat, vergessen, aber die Melodie und die Worte eines Liedes, das einen wirklich berührt, könnten für immer in einem weiterleben. »Musik hat die Kraft, dich da zu berühren, wo nichts anderes dich berühren kann«, sagte Mel. »Musik kann dein Handeln steuern. Ich höre immer Musik, die mich glücklich macht oder die mich motiviert. Ich setze meine Lieblingsmusik immer ganz gezielt ein, um eine Stimmung hervorzurufen, die mich weiterbringt. In unserer Kabine haben alle vor den ganz großen Spielen Kopfhörer auf. Jeder hört den Soundtrack seiner Höchstleistungen – ganz egal, was er gerade spüren möchte: Entspannung, Leistung, Furchtlosigkeit, Glück. Musik ist oft für mich der Takt meines wichtigsten Handelns und der Akkord meiner schönsten Gedanken. Wenn du schlecht drauf bist, hör Musik, die dich glücklich macht – ganz einfach!« Mel sprach auch vom einzigartigen Zusammenhang von Musik und Leben. Das Leben sei ein Spiel, sagte er immer wieder, genau wie Musik.

Ich erinnerte mich daran, wie gern ich früher joggen gegangen war und dabei meine Lieblingslieder gehört oder wie ich beim Aufräumen laut ein Lied aus dem Radio mitgesungen hatte. Es musste Jahre her sein, dass ich das zum letzten Mal gemacht hatte. Ich lachte und sagte: »Musik, die mich glücklich macht, könnte ich heute besonders gut gebrauchen, denn ich habe meine Geldbörse, meine Flugtickets und meinen Pass verloren und mein Flug ist auch noch sieben Stunden verspätet, das hat mir leider meinen ganzen Tag ruiniert!«

Mels Augen wurden groß. »Wow, pass auf deine Worte auf, Mann!« »Was?«, fragte ich. Ich wusste nicht, was er meinte, ich hatte doch nichts Schlimmes gesagt, oder doch? »Habe ich was Falsches gesagt?«, fragte ich.

»Deine Worte, Mann, sie formen deine Gedanken, also pass auf sie auf. Wenn du sagst, dass dein Tag ruiniert ist, dann wird das die Wahrheit. Die Zunge hat zwar keine Knochen, aber sie ist stark genug, um dein Herz zu brechen, und auch dein Kopf hört genau zu, was du ihm mitteilst, immer. Also pass gut auf, welche Worte du ihm sagst.«

Ich hob etwas skeptisch meine Augenbrauen und sagte: »Das halte ich für etwas übertrieben, Mel, wenn ich ganz ehrlich bin! Glaub mir, dieser Tag ist ziemlich ruiniert! Ich sitze hier am Flughafen fest, und wenn ich meine Dokumente nicht wiederfinde, werde ich es nicht zu meinem Meeting schaffen. Da kann mein Kopf verstehen, was er will, es ist keine gute Situation.«

Mel schüttelte den Kopf. »Weißt du, was wir uns auf dem Basketballfeld gegenseitig sagen, wenn ein Ball nicht reingeht?« »Keine Ahnung. ›Oh Shit‹ vielleicht?«, sagte ich und grinste. »Guter Versuch!«, erwiderte Mel und blickte rüber zu den anderen Jungs aus seinem Team. »Diese Jungs haben alle ihre Gedanken und inneren Dialoge – manchmal voller Skepsis und Unsicherheiten. Ich auch. Das ist ganz normal. Aber Worte verleihen unseren Gedanken Leben. Sie sind unvergesslich, und sobald sie ausgesprochen sind, können sie nur noch vergeben werden, nicht mehr vergessen. Sie werden zur Realität, sobald sie den Geist verlassen und über unsere Lippen gehen. Das, was wir sagen, wird unsere Wahrheit. ›Oh Shit‹ ist keine gute Wahrheit, Mann. ›Guter Versuch!‹ – das ist eine gute Wahrheit. Pass auf deine Worte auf, Mann, wähle sie vorsichtig, Worte können dein Leben verändern, dein Handeln beeinflussen, dich und andere Menschen tief berühren oder schwer verletzen. Dein Tag ist nicht ruiniert.

Dein Tag ist spannend! Prüfe genau deine Worte, bevor du sie in den Mund nimmst.«

Da vibrierte mein Handy auf der Tischplatte und schien den ganzen Tisch zu bewegen. Eine E-Mail. Absender: Angela de la Barthe. Ich öffnete die Mail und sah zuerst die Betreffzeile »!!!«. Ich war verwirrt, was war geschehen? Ich schaute in die Mail und sah einen kurzen Satz: »Jason, sie sprechen schon mit anderen Firmen! Das werden wir nicht zulassen. Wenn wir den Deal nicht bekommen, dann bekommt ihn keiner!«

Noch 4:13 Stunden bis zum Abflug

Mel ging zum Wasserspender, um seinen Becher aufzufüllen. »Klarer Kopf, du weißt schon, Mann!«, sagte er lächelnd. Als er zum Tisch zurückkam, zog er seine Trainingsjacke aus und hängte sie über die Lehne des Stuhls, auf den er sich nun wieder setzte. Er trug ein T-Shirt, dessen Ärmel abgeschnitten waren. Ich konnte seinen Oberkörper sehen. Kein Gramm Fett. Bei jeder Bewegung waren die einzelnen Muskeln zu sehen.

»Wie oft machst du Krafttraining, um so auszusehen, Mel?«, fragte ich. »Sechsmal pro Woche«, antwortete Mel. »Und dann fünfmal die Woche auf dem Feld plus die Spiele.« Er sprach mit einer Neutralität, die dieser übermenschlichen sportlichen Leistung beinahe ihr ganzes Gewicht nahm. Es klang ganz normal. »Wenn du nur manchmal trainierst, sei nicht sauer, wenn du auch nur manchmal triffst, Mann«, sagte Mel mit einem Grinsen und sprach davon, dass es für ihn niemals darum gehen würde, einfach nur besser zu sein als das gegnerische Team, sondern darum, besser zu sein, als er selbst früher war.

Auf dem Feld war das sicherlich sinnvoll, doch ich fragte mich, ob das viele Training sich wohl negativ auf seine akademische Leistung in der Uni auswirken würde, aber ich lag mit dieser Annahme deutlich neben der Wahrheit. Zu meiner Überraschung war das Gegenteil der Fall, denn Mel erklärte: »Seit ich fast jeden Tag der Woche auf dem Basketballplatz oder im Gym stehe, sind meine Noten besser als je zuvor.« Mel sprach plötzlich von Biochemie, Neurologie und vom Wachstumsfaktor BDNF – brain-derived neurotrophic factor –, einem Protein, das für das Wachstum neuer Neuronen und Synapsen im Gehirn verantwortlich sein soll. Je mehr Sport man also macht, desto mehr von diesem wertvollen BDNF würde produziert. »Es ist, als ob man Benzin produzieren könnte, wenn man schnell Auto fährt. Ein echtes Wunder, Mann«, sagte Mel, und plötzlich verstand ich auch, warum viele der erfolgreichsten Berater unserer Branche oft eines gemeinsam hatten: Sie waren alle jeden Tag vor dem Büroalltag im Fitnessstudio. Es gab offensichtlich einen klaren Zusammenhang zwischen körperlicher Fitness und geistiger Performance.

»Unglaublich!«, sagte ich und fragte mich, wie ein 18-jähriger Student die Willensstärke aufbringen konnte, regelmäßig einem solch harten Trainingsplan und dazu einem so hohen intellektuellen Anspruch folgen zu können. »Wie kannst du das durchhalten, Mel?« Er schaute mich fragend an. »Disziplin. Disziplin ist alles, Mann! Du musst einen Weg finden, jeden Tag – nicht eine Ausrede. Das ist echte Kraft. Kraft, die du brauchst, um etwas Ehrliches aufzubauen, etwas, das hält! Langfristig, in jedem Spiel, die ganze Saison, das ganze Semester, ein ganzes Leben. Nicht nur im kurzen Glanzmoment. Viele suchen die Disziplin an den falschen Stellen und finden sie nie.«

»Was meinst du damit, Mel?«, fragte ich, denn ich wusste nicht, was er mir damit sagen wollte. Wie konnte man Disziplin und Kraft suchen oder finden? Und was waren wohl die falschen Stellen, von denen er sprach?

»Menschen sehen die großen Stars auf dem Feld ihr Ding machen. Es ist atemberaubend, was die Basketballlegenden alles können. Sie wollen das dann natürlich auch. Und so fangen die Kids an zu trainieren. Viele Stunden, jeden Tag. Das Problem ist, dass ihre Disziplin noch nicht so stark ist wie ihr Verlangen, so zu spielen wie die großen Jungs. Sie vergleichen ihre Anfänge auf dem Streetballplatz mit den Saisonhighlights der Superstars. Natürlich macht das die Kids unsicher. Sie geben dann mehr, als sie haben. Und so brennen sie irgendwann einfach aus. Sie geben 110 Prozent, und nach ein paar Monaten ist es vorbei, weil der Erfolg ausbleibt und sie keine Kraft mehr haben. Sie haben mehr gegeben, als sie hatten. Wie ein Auto, dessen Reifen noch nicht fest genug an den Achsen befestigt sind, fahren die Kids mit Vollgas auf ihre riesigen Träume zu, und es dauert nicht lange, bis die

Ersten aus dem Rennen ausscheiden. Das Ziel erscheint nicht automatisch nach der Startlinie.«

Ich wusste genau, wovon er sprach. Wie oft hatte ich zum Jahresanfang im Fitnessstudio für ein paar Wochen alles gegeben, wirklich hart trainiert und mich dabei mit den stärksten Bodybuildern verglichen, einfach nur um dann irgendwann frustriert aufzuhören, weil ich keine Erfolge sehen konnte. Die Reifen flogen von der Achse und das Auto blieb stehen. Je schneller ich Ergebnisse sehen wollte, desto kürzer war meine Geduld.

»Es passiert über Zeit, nicht über Nacht«, erklärte Mel. »Echte Disziplin funktioniert durch langfristige Wiederholung, die aber nur so intensiv sein darf, dass du sie auch langfristig beibehalten kannst. Die Mischung aus Intensität und Intervall ist der Schlüssel. Auch wenn du manchmal nur langsame Schritte machst, kommst du weiter, als wenn du aufhören würdest. Auch dann, wenn es mal weh tut. Schmerz ist temporär, aber Aufgeben ist für immer.« Und Mel erzählte von der ständigen Entscheidung zwischen dem Schmerz der Grenzgänge und dem Schmerz des Bereuens. Nur wer das richtige Tempo wählen würde, könne gewinnen, nicht direkt, aber definitiv. »Wie ein Marathonläufer, der die richtige Geschwindigkeit halten muss, um die lange Distanz zu schaffen!?«, fügte ich hinzu. »Ganz genau, Mann, du verstehst, was ich meine! Es sind die vielen kleinen, täglichen Dinge, die du tust, obwohl du sie nicht tun willst. Die kleinen Schatten, die du überspringen kannst, immer wieder. Zwei Stunden am Tag. Nicht zwölf Stunden am Tag – das hält niemand durch. Immer wieder überwindest du dich, nimmst die kleinen Hürden. Der Moment, in dem das Gefühl, aufhören zu wollen, am stärksten ist, ist der Moment, in dem du unbedingt weitermachen musst. Der Schmerz sagt dir, dass gute Dinge auf dem Weg zu dir sind. Aus schweren Zeiten und kleinen Siegen entstehen unerklärliche Wunder und große Geschichten. Aus Tagen werden Wochen, dann Monate und Jahre. Und dann irgendwann ist deine Disziplin genauso stark wie deine Träume. Dann passieren Dinge automatisch, du musst dich nicht mehr überwinden. Wie einen Muskel hast du deine Disziplin trainiert. Immer wieder kleine Berge erklommen, kleine Reize ausgelöst, die dem Muskel signalisiert haben, dass er wachsen soll. Jeden Tag! Ich denke mittlerweile nicht mehr darüber nach, wie oft ich trainieren muss, ob ich gehen soll oder nicht, es passiert einfach. Mein Disziplinmuskel ist stark genug für die Leistung, die ich abliefern möchte. Erfolgserlebnisse halten mich auf Kurs. Ich tue etwas, freue mich am Erfolg, am Gefühl, es durchgezogen zu haben. Der Erfolg gibt mir den Mut, es wieder zu tun, mich mehr zu trauen. Eine positive Aufwärtsspirale.«

Ich verstand, was Mel meinte, aber es klang für mich fast zu schön, um wahr zu sein. Die Aufwärtsspirale des Erfolgs, der Muskel der Disziplin. Ich konnte die Logik und die Biologie hinter seiner Theorie noch nicht ganz nachvollziehen. Mir fehlten Beweise. Ich war Zahlen gewohnt. Als sehr rationaler Mensch wollte ich die wissenschaftlichen Hintergründe von all dem begreifen, was Mel mir über Disziplin erzählte.

»Alles, was du sagst, klingt wirklich gut, aber ich muss

ehrlich sein: Ich frage mich, wie das alles funktionieren kann? Ich glaube eigentlich nicht an diesen Erfolgshokuspokus«, sagte ich. Mel lächelte. »Schon mal was von Dopamin gehört?«, fragte Mel und hob die Augenbrauen. Jetzt wurde mir alles klar, er sprach über Doping. »Okay, ich verstehe. Ihr spritzt euch hier also alle Steroide in die Arme?« Mel lachte laut. »Du bist verrückt, Mann! Dopamin, nicht Doping.« Ich hörte gespannt zu, als Mel mir nun von komplexen Prozessen und biochemischen Strukturen im Gehirn erzählte. »Dopamin ist ein Neurotransmitter, der im Gehirn ausgeschüttet wird. Immer dann, wenn du über dich selbst hinauswächst, wenn du etwas tust, das dir schwerfällt, wenn du wirklich alles gibst und dich ehrlich überwindest. Kannst du dir das Gefühl vorstellen, das deinen Körper durchfährt, wenn du diesen perfekten Dreier geworfen hast, der den Korb trifft, ohne den Ring zu berühren? Wenn du zwei Stunden hart trainiert hast und glücklich aus dem Fitnessstudio spazierst und dich wirklich stolz und voller Energie fühlst?«

Mel sprach von einem Gefühl, das von einem selbst kommt, es gehe um das eigene Handeln und die eigenen körperlichen Reaktionen auf dieses Tun. Der ehrlichste Stolz. Echte Freude, von innen.

»Das ist Dopamin, Mann: eine gesunde Droge des Glücks in deinem Körper. Je öfter du es spürst, desto öfter wirst du es spüren wollen. Die großen Basketballsuperstars sind alle süchtig danach. Hungrig nach dem besten Wurf, dem härtesten Training, dem höchsten Sprung. Du hast den natürlichen Anspruch, der beste Mensch und Athlet zu sein, der du sein kannst. Dopamin ist die Währung, das höchste Gut. Dein Körper sagt dir, wann du dich wirklich gepusht hast, nicht der Coach, nicht der Gegner und nicht der große Profivertrag. Vor dir selbst zählt nur die echte Leistung, dich selbst immer wieder zu besiegen. Immer heute besser zu sein als gestern. Die großen Erwartungen der Fans und der Trainer sind egal, denn sie sind niemals so groß wie die eigenen Erwartungen an dich selbst. Du bist nur so gut wie dein letztes Spiel, nur so erfüllt wie deine letzte, ehrliche Überwindung!«

Ich war sprachlos. Dieser Junge hatte tatsächlich auch noch die exakten neurobiologischen Prozesse verstanden und für seinen Erfolg genutzt, die all seinen überdurchschnittlichen Leistungen zugrunde lagen. »Woher weißt du das alles, Mel? Es klingt ja fast wie Material aus der Sportwissenschaft oder der Chemievorlesung«, sagte ich. Da nickte Mel in Richtung eines älteren Herrn zwei Tische weiter. Der Mann sah aus wie ein junger Olympiaturner mit weißen Haaren, alt und doch so fit. Es wirkte, als wenn er sein Leben leben würde, aber sein Alter vergessen hatte. »Coach Smith, unser Trainer. Aber eigentlich auch unser Physiotherapeut, Psychologe, Mentor und Mannschaftsarzt in einem. Er weiß nicht nur alles über Basketball, sondern auch alles zu Neurologie, Biologie, Sportmedizin und positiver Psychologie. Er erzählt den ganzen Tag davon. Echt interessantes Zeug, Mann!«

Mel sprach über Dinge, deren Komplexität mich immer wieder nachfragen ließen. Wie ein aufmerksames Kind beugte ich mich weit nach vorn, um genau zu verstehen, was er sagte. Er erzählte von den unsichtbaren Verbindungen zwischen Biochemie, Psychologie und neuronaler Plastizität, dem bewiesenen Vorgang, der dem Wachstum des Gehirns zugrunde lag. Ich war überrascht und begeistert zugleich. Wenn es stimmte, was Mel sagte, dann war es tatsächlich möglich, sein Gehirn und einzelne Eigenschaften genau so effektiv zu trainieren wie einen Muskel im Fitnessstudio. Schon ein kurzer Gedanke an die unvorstellbaren Ergebnisse, die jeder Mensch erzielen könnte, der diese Informationen hört, öffnete mir die Augen über das endlose Potenzial, das offenbar jeder in sich trug, völlig egal wie die Voraussetzungen waren. Menschen hatten nicht das Gehirn, mit dem sie geboren wurden, sie hatten das Gehirn, das sie sich erarbeitet hatten – genauso wie dieser Ausnahmesportler, der hier im kleinen Sandwichladen am Gate C30 vor mir saß und klang wie ein Uniprofessor im abgeschnittenen Basketballshirt.

Als er weiter über das Konzept des Willensstärketrainings sprach, wollte ich mehr wissen. Es schien, als sei Willensstärke der Schlüssel zur Weiterentwicklung und damit zum Glücksgefühl, das Mel durch das Dopamin im Körper erklärte. »Willensstärke ist das Trikot eines Spielers, der sein Potenzial voll ausschöpft. Ohne Willensstärke gibt es auch kein Dopamin. Willensstärke ist das Ticket in die Play-offs, Mann«, sagte Mel.

»Und wie bekommt man mehr Willensstärke?«, fragte ich. Mel wiederholte das Bild des menschlichen Gehirns als trainierbaren Körperteil: »Es ist genau wie mit der Disziplin. Sieh deine Willensstärke wie deinen Bizeps. Wenn du ihn nicht trainierst, wächst er auch nicht. Zu entscheiden, wann du anfangen willst, ist der größte Feind vom Anfangen. Jedes ›Später‹ oder ›Morgen‹ nimmt dem Muskel die Chance zu wachsen und den Träumen die Möglichkeit, wahr zu werden. Deine Willensstärke ist ein Muskel, Mann. Um genau zu sein: Der präfrontale Cortex, der Willensstärkemuskel, ein Teil des Frontallappens der Großhirnrinde auf der Stirnseite deines Kopfes.« Mel zeigte dabei auf die linke Seite seines Kopfes. »Wenn du immer wieder Dinge tust, die dir schwerfallen, wächst dein Willensstärkemuskel, der präfrontale Cortex, durch neuronale Plastizität und wird tatsächlich größer.« »Und der Wille wird stärker, wie ein Muskel stärker werden würde!?« »Genau, Mann, du klingst schon wie Coach Smith«, lachte Mel, warf ein paar Walnusskerne in die Luft und fing sie mit seinem Mund auf. »Die Spiele werden nicht leichter, Mann, aber wir werden stärker.«

»Und wann ist stark auch stark genug?«, fragte ich weiter und dachte plötzlich an die ganz großen Basketballstars. Auch sie zerbrachen immer wieder mal unter dem Druck, der auf ihnen lastete. Niemand ist unbesiegbar – und mich interessierte, woher die Verzweiflung kommt, die auch die stärksten aller Spieler erfassen kann und die die Kraft besaß, auch Elitesportler mit großer Willensstärke und endloser Erfahrung aus der Ruhe zu bringen. Mel kratzte sich am Kopf und sagte: »Wenn Spieler auf dem Platz sauer werden, wenn sie frustriert sind, dann kannst du genau sehen, was passiert.« »Klar«, sagte ich, »sie schreien laut herum und begehen taktische Fouls.«

Mels Erklärung war eine ganz andere: »Die Amygdala

übernimmt in diesen Augenblicken die Steuerung aller Handlungsprozesse«, sagte er. »Was? Wer übernimmt die Steuerung?« »Die Amygdala, Mann. Ein paariges Kerngebiet des Gehirns im medialen Teil des jeweiligen Temporallappens.« Mel sprach wieder so locker und klang dabei wie ein Chemieprofessor im Körper eines Rapstars. »Dieser Teil des Gehirns ist für die Entstehung von Angst und für die emotionale Bewertung von Situationen verantwortlich. Das Problem ist, die Amygdala hat sich zu einer Zeit im Menschen entwickelt, in der die Angst förderlich war, um die ersten Menschen vor Gefahren zu schützen, vor Säbelzahntigern, giftigen Beeren und den endlosen Weiten der Savanne. Die Zeiten sind vorbei, die Angst ist geblieben. Wenn jemand wirklich sauer ist oder echt Angst hat, ist die Amygdala verantwortlich. Triff niemals endgültige Entscheidungen mit vorübergehenden Gefühlen, Mann. Das Gefühl geht vorbei, die Angst ist nicht echt. Angst ist hausgemacht.«

Ich bohrte tiefer, wollte mehr erfahren über das Angstzentrum im Kopf. Wir sprachen noch länger über die hoch interessante Verschaltung der verschiedenen Hirnzentren und wie sie sich auf das eigene Verhalten auswirken konnten. Mel erzählte von der Fähigkeit, gegen die Angst und den Stress aus der Amygdala arbeiten zu können. Meine Augen wurden immer größer, als ich verstand, wie einfach es sein kann, die eigene Angst zu bremsen. »Wenn jemand Angst hat und Stress verspürt, denkt er nicht mehr klar. Zu viel Kortisol. Das Gehirn muss beruhigt werden«, sagte Mel.

»Wie?«, wollte ich wissen und dachte an den täglichen

Stress meines Berateralltags. Könnte ich mein Stresslevel wirklich sofort senken?

»Du musst ein Freund deiner Angst werden, sie zu dir hereinbitten. Dabei am besten gute, nette Gedanken haben für jemand anderen, am besten für deinen Gegner. Für den, der den Stress auslöst. Diese kontraintuitive, positive Aufmerksamkeit steigert die Produktion von Oxytocin im Gehirn. Ein Hormon, das den Kortisolspiegel und den Blutdruck sofort senkt und damit beruhigend wirkt. Oxytocin ist wie Magie, Mann. Es verbindet Menschen. Die größten Sportler aller Zeiten wussten das. Sie nennen es bloß anders: Fairplay.«

Ich konnte nichts sagen, weil meine Gedanken so sehr damit beschäftigt waren, die unzähligen Bereiche meines Lebens aufzulisten, in denen diese sehr simplen Abläufe der menschlichen Biologie so unvorstellbare positive Einflüsse haben könnten. »Heißt das, du bist nie sauer? Auch auf dem Basketballfeld nicht?« Mel lachte: »Auf dem Feld brauchst du Ruhe, Konzentration, Präzision. Das sind alles spielentscheidende Fähigkeiten, die ich viel besser nutzen kann, wenn ich nicht sauer oder frustriert bin. Wenn jemand sauer ist, ist das immer auch ein Zeichen von Kontrolllosigkeit und Angst. Diese Erkenntnis hilft mir übrigens auch dabei, außerhalb des Sports Verständnis und Geduld für Menschen zu haben, die unzufrieden sind. Sie sind nicht nervig, sie wissen einfach nicht mit ihrer Not umzugehen. Hinter jeder Wut ist eine verschlüsselte Nachricht. Ein Hilferuf. Wissen und verstehen ist Kraft, Mann. Die Kraft zu helfen. Es ist, als wenn man um Ecken schauen könnte.«

Noch 3:53 Stunden bis zum Abflug

»Mel, kann ich dich etwas Banales fragen?« »Klar, Mann, was gibt es?«, sagte er und rollte sich die abgeschnittenen Ärmel hoch, bis über die breiten Schultern, die mit Muskelfasern durchzogen waren, die sich bei jeder Bewegung direkt unter der Haut bewegten wie eine Maschine, die er in sich trug. Ich war etwas unsicher, die Einfachheit meiner Frage war mir fast peinlich, aber das interessierte mich schon immer, also fragte ich: »Wie kannst du dich konzentrieren beim Freiwurf, wenn hinter dem Korb die gegnerischen Fans alle schreien und versuchen, dich abzulenken?«

Mel lächelte, beugte sich vor und zeigte mit beiden Zeigefingern auf seine Schläfen. Seine Augen trafen meine und sein Blick war glasklar. »Du musst es sehen können, bevor es passiert. Du musst vor deinem geistigen Auge sehen, wie du den Punkt machst. Das Schreien wird dann ganz ausgeblendet, du hörst nur noch eine leise, dumpfe Masse aus Lautstärke, die kaum noch existiert, du siehst dann nur noch den Korb. Der ganze Fokus verschiebt sich von dem, was du nicht kontrollieren kannst, nämlich das Geschrei, zu dem, was du kontrollieren kannst, deinem Wurf. Du hast die Bewegung tausendmal gemacht. Das Ergebnis deiner Disziplin, deiner Willensstärke. Alle Wege führen zu diesem Augenblick, und ich sehe nur noch das, was jetzt passieren wird, nicht all das, was vorher war. Alles nach Plan, aber du musst es sehen können. Und schau bloß nicht weg, weil das Licht des Erfolges dich blendet, Mann! Wenn du es sehen kannst, ist es echt! Dann hast du eigentlich schon getroffen. Und das gilt nicht nur für den Freiwurf«, sagte er und aß noch mal zwei Nüsse.

»Wofür gilt das noch, Mel, visualisierst du auch Dinge, die nicht auf dem Basketballfeld passieren?«, fragt ich sofort. »Natürlich!«, sagte er und erzählte mir, wie er genau die gleichen Mechanismen, die ihn die wichtigsten Punkte im Spiel treffen ließen, auch auf die größten Ziele und Werte seines Lebens übertragen konnte. »Sieh dich als das, was du sein willst, Mann, und lebe dann jeden Tag ein Stück in diese Vision hinein. Sieh dich als disziplinierten Menschen voller Willensstärke, voller Kontrolle über deinen Geist, Körper und dein Leben. Dann wird es wahr werden. Und sprich über deine tiefsten Wünsche, deine größten Träume, über die Person, die du werden willst, über den Menschen, der du sein kannst, und über die höchsten Standards, für die du stehen willst. Je mehr du über das sprichst, was du willst, umso klarer weißt du, wo du hinmöchtest! Und dann musst du dein Wort auch halten, Mann, vor dir selbst und allen Personen, denen du von deinen Zielen erzählt hast.«

»Weil du sonst als inkonsequent gesehen wirst, als Fahne im Wind«, sagte ich und führte seinen Gedanken zu Ende. »Ja, Mann. Mach dich überprüfbar, schaff dir selbst einen Hebel für deine größten Ziele. Sage jedem, dass du etwas schaffen wirst, und du zwingst dich selbst, so lange daran zu arbeiten, bis du es erreicht hast und dein Wort halten konntest. Nur so wahrst du dein Gesicht – vor dir selbst und allen anderen. Das ist der größte Antrieb!«

»Was ist, wenn dann etwas nicht so funktioniert, was du allen erzählt hast?«, fragte ich und stellte mir vor, was passiert wäre, wenn ich jedem von all meinen vielen Ideen und Plänen erzählt hätte. Ich hatte solche Dinge in der Vergangenheit meistens für mich behalten. Mel lehnte sich zurück und sagte: »Das Universum belohnt immer die Mutigen, Mann. Wenn du dich traust, zu sprechen und deine größten Ziele zu verfolgen, wird die Stärke deiner Seele dich führen und dich auf den Weg zu magischen Orten mit unvorstellbaren Situationen bringen. Schau mich an: Ich stand gestern beim Spiel vor 20 000 Menschen in einer ausverkauften Arena auf dem Basketballfeld, aber darum geht es nicht, das ist nur der Nebeneffekt. Die Person, die du auf diesem verrückten Weg wirst, das ist das wichtigste Ziel. Als ich das verstanden hatte, hat plötzlich alles funktioniert, Mann!«

»Hey, Mel!«, hörte ich plötzlich eine ältere Stimme rufen. »Melvin, komm schon, Buddy, wir müssen zum Flieger, das Gate schließt gleich!« Es war Coach Smith. Das ganze Team wartete schon. Mel und ich hatten uns so intensiv unterhalten, dass wir überhaupt nicht gemerkt hatten, dass alle anderen Jungs aus der Mannschaft schon längst fertig waren mit dem Essen. Das Gespräch, das wir geführt hatten, war so besonders gewesen. Ich kannte diesen Jungen nicht, aber ich hatte ihm Dinge erzählt, die ich mir vorher nicht mal selbst erzählt hatte.

»Ich muss los, Mann«, sagte Mel. Er stand auf, zog seine Trainingsjacke an, warf seine Tasche über die Schulter und hielt mir seine Faust hin. »Schade«, sagte ich leise, »ich hätte mich gern noch weiter mit dir unterhalten.« Mel lachte: »Was habe ich dir zu deinen Worten gesagt?« Ich lächelte und erwiderte: »Ach ja, danke für die Erinnerung!« Sofort fiel mir sein Rat wieder ein und ich sagte: »Natürlich. Die Kraft meiner Worte. Ich muss aufpassen, was ich sage.«

»Ja, Mann! Komm schon, versuch es einfach noch einmal!«, sagte Mel. Ich überlegte nicht wirklich, sondern war einfach ich selbst, und die Worte kamen zu mir, als wenn sie immer schon darauf gewartet hätten, dass ich sie zum Leben erwecke: »Ich bin wirklich dankbar für dieses Gespräch. Toll, dass ich dich kennenlernen konnte. Danke, Mel!«

Es war, als wenn die Worte mich tragen würden. Mels Augen funkelten: »Viel besser, Mann«, sagte er und nickte. Mel drehte sich um, zwinkerte mir mit einem Auge zu und zeigte mir mit zwei Fingern das Peacezeichen. Er lief dann seinen Teamkollegen hinterher, die schon losgegangen waren zu ihrem Abflug-Gate. Als er sie einholte, verschwand der kleine Star des Teams in ihrer Mitte zwischen all den Riesen. Sie sahen alle gleich aus und trotzdem hatte jeder seine Rolle. Sie teilten die Aufgaben und multiplizierten die Erfolge. Sie waren eine Einheit.

Auf dem Weg zurück zum Gate C30 hatte ich immer wieder Mels Lächeln vor Augen. Ob ich ihn wohl in ein paar Jahren in der NBA spielen sehen würde? Unglaublich, wie ein so junger Mensch so viel vom Leben verstehen konnte. Es waren Geschichten wie diese, die mich glauben ließen, dass man ein glückliches Leben tatsächlich lernen konnte.

Mit schnellen Schritten ging ich jetzt an den scheinbar

endlos vielen Gates entlang. Ich suchte Maria, wollte ihr unbedingt von Mel erzählen. Seine Sichtweisen zum Leben würden sie sicherlich auch begeistern. Ich freute mich wirklich, als ich nach ein paar Minuten schon von Weitem die weichen braunen Locken sehen konnte. »Hey, Maria!«, rief ich. »Ich bin es, Señor Jason!« Ich lachte dabei selbst über meinen neuen Spitznamen.

»Señor Jason! Du hast mich gefunden!«, kam sofort die ehrlich glückliche Antwort von Maria. »Ich freue mich wirklich, dass du noch einmal zu mir gekommen bist, ich hatte eigentlich das Gefühl, dass du lieber allein für dich bleiben möchtest«, sagte sie und hatte ja damit eigentlich auch recht. Aber hier am Gate C30 war alles anders.

»Hast du deine Dokumente gefunden, Señor Jason?«, fragte Maria. »Nein, aber ich habe gerade ein Gespräch geführt, Maria, von dem ich dir unbedingt erzählen muss. Mit einem jungen Basketballspieler, Mel hieß er. Ihr hättet euch sicher super verstanden. Er ist der Kleinste im Team und trotzdem der Beste. Er sprach über Disziplin, Training, über Angst, die eigentlich keine ist und aus der Steinzeit kommt, über das Lernen und Bücherlesen, über schlechte Einflüsse, hohe Stresslevel, Willensstärke und, und, und …« Maria hörte gespannt zu, und ich begleitete sie noch eine Weile, spazierte neben ihrem Putzwagen her, während sie die langen Gänge des Flughafens putzte. Ich erzählte ihr alles, was ich gerade – dank Mel – für mich verstanden hatte. Und dann schrieb ich es auf eine Serviette aus dem Sandwichladen, die ich noch in der Tasche hatte.

Ich kann immer nur so gut sein wie mein Team.

Schlechte Angewohnheiten loslassen, um Platz zu kreieren für neue Dinge!

Das Umfeld kann man oft nicht ändern, aber sich selbst kann man immer ändern.

Das machen, was Angst macht — und die Angst wird machtlos.

Training ist die Basis jedes echten Handwerks.

Ein Haus ohne Bücher ist wie ein Zimmer ohne Fenster.

Life is a game.

Disziplin lässt sich trainieren — wie ein Muskel.

Das Ziel erscheint nicht automatisch nach der Startlinie.

Dopamin die gesunde Droge des Glücks durch Höchstleistung.

Visualisierung: Wenn du es sehen kannst, ist es echt.

Das Universum belohnt immer die Mutigen.

4. Begegnung mit Rose

Den Blick für die kleinen Dinge bewahren und
den Augenblick nutzen

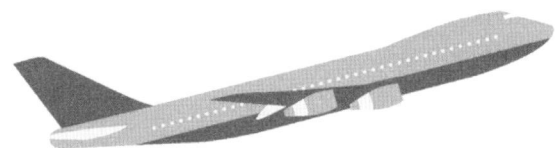

Ich hatte Durst, wollte etwas trinken und suchte nach irgendeinem Laden. Zum ersten Mal schaute ich über all die Cafés und die Raucherlounge hinweg und sah einen kleinen Stand, der frische Säfte und Smoothies anbot. Schon der erste Schluck frisch gepresster Orangensaft füllte mich mit Leben und ich dachte an die Worte von Mel. Ich konnte spüren, wie mein Körper sich bei mir bedankte. Ich genoss das Gefühl. Ich trank aus, senkte den Kopf, und dabei fiel mir auf, dass am anderen Ende des Ganges etwas auf dem Boden lag. Waren es meine Dokumente!? Sofort ging ich hin und als ich näher kam, erkannte ich, dass es nicht meine Reisedokumente waren, sondern dass es sich um einen handgeschriebenen Brief handelte. Er lag mitten auf dem Weg und scheinbar war er für jeden außer mir unsichtbar, denn keiner blieb stehen, alle liefen uninteressiert weiter. Ich hob das Blatt auf und mir fiel sofort die schöne Handschrift auf. Perfekte Zeilenabstände, obwohl das elfenbeinfarbene Briefpapier nicht liniert war. Blaue Füllertinte, geschwungenes Schriftbild, fast wie Kalligrafie. Auch wenn ich eigentlich nicht lesen wollte, was da stand, weil es mich nichts anging, fielen mir trotzdem einzelne Passagen ins Augen. Dieser Brief sprach zu mir und ich hörte zu:

Mein lieber Sohn!

Jemand sagte mir mal, dass das wahre Leben an der Quelle der Vergebung beginnt.

»Es tut mir leid« klingt heute wie der schwerste Satz, den ich je gesprochen habe, aber ich weiß, dass diese Worte den einzig wahren Weg weisen, der das wertvollste Geschenk meines Lebens wieder zu mir zurückbringt.

Für meine nächste große Reise in eine ganz neue Welt ist es mein Wunsch, mit leeren Händen und vollem Herzen im Hafen anzulegen. Ohne Ängste, denen ich nicht in die Augen gesehen, und ohne Worte, die ich nicht zum Leben erweckt habe. Ohne Entschuldigungen, die ich nicht ernst gemeint, und ohne Träume, die ich nicht verwirklicht habe.

Vielleicht war ich nicht immer auf dem richtigen Weg, aber ich habe mir versprochen, am richtigen Ziel anzukommen. Als der Mensch, der ich immer hätte sein müssen. Es tut mir so leid.

Love always – deine Mutter Rose

Ich schaute mich um, hielt den Brief in den Händen und wusste nicht, in wessen Herz und Gedanken ich gerade geblickt hatte. Da sah ich in der Masse aus Menschen, alle getrieben von Eile und dem Wunsch, diesen Ort verlassen zu können, um ans Ziel zu gelangen, eine ältere Dame im

Rollstuhl, die wie ein Fels im tosenden Meer inmitten der Reisenden saß. Sie winkte mir zu. Ich sah hinter mich, um sicherzugehen, dass sie auch wirklich mich meinte, und als ich merkte, dass ihr Winken intensiver wurde und sie nur mich meinen konnte, bahnte ich mir einen Weg durch die vielen Menschen, die uns trennten, und stand schließlich vor ihr. Eine schicke alte Dame, etwa im Alter meiner Mutter, aber mit der Freude eines Kindes. Sie schlug die Hände zusammen und sagte: »Das ist mein Brief. Danke, junger Mann, vielen, vielen Dank!« Ich gab ihr den Brief. »Haben Sie vielen Dank, er muss aus meiner Tasche gefallen sein, als ich nach meinem Ticket gesucht habe. Ich hätte ihn sicher nie wiedergefunden! Ich bin immer etwas nervös, wenn ich auf Reisen bin, wissen Sie. Ich bin ja schon über 90«, sagte sie.

Das Alter überraschte mich. Ihre Augen, das Lächeln und das ganze Wesen dieser Frau waren so wach und voller Energie. Ich hätte sie mindestens zehn Jahre jünger geschätzt. »Kein Problem, gern geschehen. Ich suche grade meinen Pass, meine Tickets und meine Geldbörse. Ich habe hier am Flughafen alles verloren und muss es jetzt wiederfinden. Wo fliegen Sie denn hin?«

»Zu meinem Sohn«, sagte sie. »Ich habe ihn schon sehr lange nicht gesehen und ich glaube, es ist an der Zeit, dass ich ihn besuche und ihm endlich einige Dinge sage. Denn wer weiß, vielleicht ist ja schon bald zu spät.« Jetzt verstand ich plötzlich auch die Zeilen ihres Briefes, die ich kurz vorher gelesen hatte. Die Dame wollte sich bei ihrem Sohn entschuldigen.

Noch 3:36 Stunden bis zum Abflug

Ich spürte eine ganz neue Art der Offenheit in mir, eine
Verbundenheit und eine Empathie. Es war diese ganz neue
Emotion, die meine sonst so distanzierte Rationalität locker-
te und mir eine menschliche Wärme verlieh, die nur durch
ein paar Worte mein Herz öffnen konnte. Ich war plötzlich
stark genug, mich um andere zu sorgen. »Haben Sie Streit
gehabt mit Ihrem Sohn?«, fragte ich vorsichtig nach. »Nein,
nicht wirklich. Aber wir haben uns auseinandergelebt, wissen Sie. Er hat eine Frau geheiratet, mit der ich nicht sehr gut
zurechtkam. Sie sind dann zusammengezogen, zurück nach
Schweden, wo wir früher gelebt haben, als mein Sohn noch
ein Kind war. Wir haben leider sehr wenig Kontakt gehabt
über die letzten Jahre. Er war enttäuscht, dass ich seine Frau
nicht akzeptieren konnte, und ich war enttäuscht, weil er uns
verlassen hat. So sind viele Jahre vergangen, in denen wir
getrennte Leben gelebt haben. Die wenigen Worte, die wir
nicht aussprechen, sind oft genau die Worte, die gesagt werden müssen. Ich erinnere mich gern an die Zeiten von früher
zurück. Wir gingen oft zusammen im Wald spazieren und
lauschten den zauberhaften Gesprächen der alten Bäume.«
Rose erzählte von den tiefen, teilweise unberührten Wäldern
von Dalarna in Schweden, wo sie früher gelebt hatte. Die
Wildnis dort könne endlose Freiheit schenken.

»Jetzt, da ich so alt bin, dass ich nicht mal mehr allein
laufen kann, weiß ich, dass ich meinem Sohn Unrecht getan
habe. Passen Sie bloß auf, was Sie sagen, wenn Sie mit jeman-

dem streiten, den Sie lieben, weil der Mund oft verletzende Dinge ausspricht, während das Herz trotzdem liebt. Ich fliege jetzt zurück nach Schweden, um mich zu entschuldigen und um meinen Sohn und seine Familie endlich wiederzusehen und sie akzeptieren und lieben zu lernen. Das hätte ich schon viel früher tun müssen, aber es hat lange gedauert, das zu verstehen. Es gibt oft keine Abkürzung zu Orten, die es wert sind, besucht zu werden. Der Brief enthält die Gedanken, die ich meinem Sohn mitteilen will. Ich habe es endlich verstanden. Das hohe Alter ist nicht die verlorene Jugend, sondern eine ganz neue Zeit der Möglichkeiten und Stärke«, sagte sie lächelnd. »Aber warum erzähle ich Ihnen das überhaupt?«, fügte sie hinzu und winkte ab. »Vielleicht weil ich einfach nervös bin«, sagte sie dann leise. Und weiter: »Sie haben sicher einen wichtigen Flug und müssen Ihre Dokumente finden, lassen Sie sich nicht von mir aufhalten. Danke noch mal, dass Sie meinen Brief wiedergefunden und sich für mich interessiert haben. Auch wenn mein Leben sicher nicht so spannend ist, freue ich mich dennoch, es mit anderen Menschen zu teilen, weil ich oft einsam bin. Mit Ihnen habe ich gerade das erste richtige Gespräch heute geführt, danke.«

Ich war berührt von der Güte dieser Dame. Wie oft hatte ich Gespräche mit alten Menschen erlebt, die nicht mehr aufhören konnten zu erzählen. Diese Frau war anders. Obwohl sie offensichtlich einsam war und schon lange Jahre von einer Person vergessen wurde, die sie niemals vergessen konnte, war sie so genügsam und stellte mich und meine Geschichte über sich selbst und ihre eigenen Bedürfnisse. Ich wollte ihr helfen, einfach nur durch mein ehrliches Interesse, das ich plötzlich immer deutlicher spüren konnte. Es fühlte sich richtig an. Sicher konnte man nicht jedem helfen, aber jeder konnte jemandem helfen.

»Keine Sorge, erzählen Sie ruhig, ich habe noch Zeit«, sagte ich also und begann, meinen Vormittag hier am Flughafen fast zu genießen. Ich musste nirgendwo anders sein, nur hier. Ich legte meine Tasche ab und stellte mich neben ihren Rollstuhl.

»Ich heiße Jason Cooper«, sagte ich lächelnd. »Rose«, sagte die Dame und ich konnte zusehen, wie ihre Augen aufleuchteten, als sie merkte, dass ich mich wirklich für sie und ihre Geschichte interessierte. Ich war überrascht von mir selbst, meine Worte kamen plötzlich aus dem Herzen, nicht aus dem Kopf, ich musste wenig nachdenken und hörte mich selbst sagen: »Sie denken also, dass Sie sich bei Ihrem Sohn früher hätten entschuldigen müssen?«

»Ja, das wünsche ich mir so oft, wissen Sie. Ich habe eigentlich mein Leben lang alles gehabt, was ich mir erträumt habe. Mein Sohn ist glücklich verheiratet und hat drei gesunde Kinder. Meine Gefühle gegenüber seiner Frau haben es mir aber leider unmöglich gemacht, dankbar zu sein. Meine schlechten Gedanken haben meinen glücklichen Gefühlen den Weg versperrt. Dabei hätte ich es doch einfach mal versuchen sollen. Sie können keine Tür schließen, die noch nie geöffnet wurde. Warum behandeln wir oft genau die Menschen schlecht, die uns eigentlich so nahestehen?«, fragte sie leise.

Meine Gedanken wanderten sofort zu meiner Familie, die ich so liebte und die ich doch viel weniger sah als meine Kollegen in der Firma. Rose sprach weiter: »Wahrscheinlich weil wir denken, dass sie immer da sein werden. Aber das stimmt nicht. Ich verrate Ihnen etwas«, sagte sie dann und winkte mich näher an sich heran. Sie nahm mich am Ärmel meines Jacketts und zog mich zu sich. »Verlieren Sie nie den Blick für die kleinen Dinge im Leben, sonst ist es zu spät. Die kleinen Dinge, die kleinen Momente, sie sind in Wirklichkeit gar nicht so klein. Es sind immer die Dinge, die Sie nicht tun, die Sie irgendwann einmal, wenn Sie so alt sind wie ich, wirklich bereuen werden. Nicht die Dinge, die Sie getan haben. Ich wünsche Ihnen ein Leben voller ›Was war denn das …?‹ und nicht ein Leben voller ›Was wäre gewesen, wenn …?‹«

Ich dachte an all die Dinge, die ich absagen musste, die ich nicht tun konnte, weil ich zu beschäftigt war, zu viel Arbeit hatte. Jedes Telefonat, jede E-Mail und all die Meetings, die mich davon abhielten, meine Kinder aufwachsen zu sehen. Die unzähligen Stunden im Büro, die ich nicht mit meiner Frau verbringen konnte. Ich wollte nicht zurückschauen und mich fragen, was alles hätte sein können, aber ich sah plötzlich deutliche Parallelen zwischen Rose, dieser ebenso eleganten wie zerbrechlichen alten Dame im Rollstuhl, und mir. Würde ich auch mal meine Entscheidungen so sehr bereuen wie sie? Konnte ich jetzt noch etwas ändern oder war es schon zu spät?

»Was würden Sie anders machen, wenn Sie die Zeit zurückdrehen könnten, Rose?«, fragte ich dann. Rose sah mich von ihrem Rollstuhl aus mit großen Augen an und sagte: »Ach wissen Sie, Jason, ich würde mir den Wert der Zeit viel deutlicher machen, denn plötzlich ist das ganze Leben schon an mir vorbeigezogen, bevor es wirklich angefangen hat. Die Zeit bleibt, und wir gehen – immer wieder und immer weiter. Die Tage kommen niemals zurück. Es ist, als würde man immer wieder durch eine Tür gehen, die nur innen einen Griff hat. Man kann rausgehen, aber niemals zurückkehren.«

Rose erzählte, dass sie schon als junges Mädchen die wertvollste Zeit an sich vorbeifliegen ließ, ohne sie wertzuschätzen. »Die schönsten Tage der Schulzeit waren für mich der erste und der letzte Schultag. Wo sind die vielen anderen Tage bloß hin? Es waren doch eigentlich ebenso schöne Tage, gleich viel wert, ich habe sie nur nicht so gesehen. Die Zeit vergeht so schnell, ich würde jeden Tag viel intensiver erleben. Was wir heute erleben, sind die Erinnerungen von morgen, und oft verstehen wir den Wert von Erlebnissen nicht, bis sie nur noch Erinnerungen sind. Vergessen Sie das nie!«, sagte Rose, hob einen Finger und erinnerte mich dabei an meine eigene Oma. »Je früher man anfängt, den Wert der Zeit wirklich zu verstehen und die Zeit wertvoll zu nutzen, desto größer wird die Erfüllung im Leben. Man kann die Vergangenheit niemals verändern, aber die Zukunft ab jetzt, sofort und jeden Tag neu erschaffen. Warten Sie nicht! Das nächste Kapitel des Lebens kann nicht starten, wenn man immer wieder das letzte liest. Es ist nie zu spät, der Mensch zu werden, der man hätte sein können«, sagte sie.

Mir wurde durch die Worte dieser alten Dame die Verbindung zwischen den Geschwisterpaaren »Gestern und Heute« und vor allem auch zwischen »Heute und Morgen« deutlich. Sie waren wie Familienmitglieder, die voneinander lernen konnten. Ich wollte noch besser verstehen, was genau Rose meinte und wie auch ich meine Zeit im Augenblick so wertvoll nutzen konnte, dass sich der Wert von »morgen« schon »heute« erhöhen würde – fast wie eine Aktie. Ich konnte nicht aufhören darüber nachzudenken, was wohl passieren würde, wenn ich durch dieses neue Wissen den Aktienkurs meines Lebens positiv beeinflussen könnte, während ich das nächste Kapitel meines Lebens schrieb.

»Rose, was meinen Sie damit, wenn Sie sagen, dass man die eigene Zeit wertvoll nutzen soll?«, fragte ich und hatte sofort die typischen alten Sprüche wie »Carpe diem« im Kopf. Es konnte nicht so einfach sein, diese Frau musste mehr wissen, sie sprach aus Erfahrung.

»Wie funktioniert es genau und woher weiß ich, was heute wichtig ist?« Als ich diese Worte aussprach, wurde mir klar, dass es in meinem Leben seit Jahren nur noch darum ging, die Geschwindigkeit zu erhöhen, ohne auf die Richtung zu achten. Ich hatte zwar das Gefühl, durch meine unermüdliche Arbeit jede Sekunde meiner langen Arbeitstage extrem intensiv zu nutzen, aber wenn ich mit etwas Abstand über meinen Alltag nachdachte und das laute Echo der Worte von Rose in den dunklen Gängen meines scheinbar so erfolgreichen Lebens nachklingen hörte, sah ich immer deutlicher eine Wahrheit direkt vor mir: Mein Leben war in Wirklichkeit niemals wirklich schnell oder langsam. Es war nicht stressig oder unstressig, nicht gut oder schlecht, nicht reich oder arm. Es war das Produkt der Vergangenheit, eingekleidet in meine Gedanken über den Augenblick, die mit ihren Handlungen meine Zukunft bestimmen würden.

Roses weiche Stimme legte sich wie ein Mantel um meine unzähligen Gedanken, als sie antwortete: »Machen Sie heute etwas, wofür Ihr zukünftiges Ich Ihnen dankbar sein wird. Es gibt so viele Menschen, die sich gestern Nacht schlafen gelegt haben – und vielleicht nicht wieder aufwachen. Egal wo in der Welt, egal ob jung oder alt, arm oder reich. Diese Menschen würden, wenn sie wüssten, dass es ihre letzte Nacht ist, alles geben für nur einen weiteren Tag, eine weitere Stunde. Nutzen Sie die Zeit schon heute, um etwas zu verändern, was Sie morgen wirklich glücklich machen wird«, sagte sie und schaute zu mir auf. »Der Abstand zwischen dem Menschen, der Sie sind, und dem, der Sie sein könnten, tut jeden Tag mehr weh, wenn er nicht verkleinert wird. Schließen Sie diesen Abstand, indem Sie jede Sekunde die Beziehung zu sich selbst und zu Ihren Liebsten wirklich leben. Zu Ihren Kindern, den Menschen, die Sie lieben, der Familie und all denen, die Ihnen nahestehen. Zeit ist ein Geschenk, wissen Sie. Ein Geschenk, das sie nur ein einziges Mal bekommen werden. Haben Sie Geduld, beeilen Sie sich nicht zu sehr, sonst wird die Zeit Ihr Feind.«

Noch 3:05 Stunden bis zum Abflug

Der Abstand, von dem Rose sprach, zwischen der Person, die ich war, und der Person, die ich sein könnte, wurde mir immer klarer. Ich konnte die Richtung, in der ich die Person, die ich sein könnte, finden würde, immer deutlicher einschätzen. Das Gefühl verunsicherte mich, denn jeder neue Moment der Orientierung setzt auch voraus, dass ich vorher verloren gewesen sein musste.

»Wie kann ich den Abstand verkleinern?«, fragte ich Rose. »Ich weiß genau, wovon Sie sprechen, ich kann diesen Abstand oft ganz deutlich in mir spüren und möchte etwas ändern. Bisher dachte ich, dass ich durch mehr Erfolg alles ändern kann.« Jede Beförderung, jeder neue Deal, jedes weitere Telefonat – das waren bisher die Meilensteine meiner Transformation gewesen. Ich wartete immer noch auf den Tag, an dem ich mich wirklich erfolgreich fühlen würde. Ich dachte immer, das wäre auch der Tag, an dem ich vollkommen erfüllt wäre. Rose lächelte. »Erfolg ist nie genug«, sagte sie und legte ihre Hände auf ihrem Schoß zusammen. »Als ich ein junges Mädchen war, dachte ich, ich würde mich erfüllt fühlen, wenn ich ein eigenes Haus hätte. Eine erwachsene junge Frau, mein eigener Haushalt, meine Familie, wissen Sie. Als ich dann mein erstes Haus hatte, dachte ich, es wäre das schöne rote Auto, was ich mir immer schon gewünscht hatte. Ein wunderschönes Cabriolet mit hellbraunen Sitzen. Ich sah mich in Gedanken in diesem Auto sitzen und das Gefühl war unbeschreiblich. Als ich dann auch das hatte und viele andere Dinge, von denen ich dachte, dass sie mich erfüllen würden, suchte ich nicht mehr in Dingen, sondern bei anderen Menschen nach meinem eigenen Glück. Immer wieder habe ich im Leben nach einer Rettung gesucht, nach jemandem, der die dunklen Tage für mich erleuchtet. Ein Partner, ein Lehrer, ein Helfer, jemand, der die schwere Last der Verantwortung für mich trägt. Immer wieder hoffte ich auf Menschen, die wie Zauberer wirken sollten. Irgendwann hörte ich dann tief enttäuscht einfach auf, an die Wunder zu glauben. Heute, vom Aussichtspunkt der Höhe meines Alters mit einem weiten Blick über die vielen Jahre meines Lebens, verstehe ich endlich die Wahrheit: Jeder kann selbst ein Zauberer sein. Das Leben wird nur viel zu oft einfach aus der Zuschauerperspektive betrachtet. Menschen bleiben manchmal ihr Leben lang vor dem Vorhang. Erst dann, wenn sie den Blick hinter den Vorhang wagen, kehrt ihre Magie zurück und sie können Dinge machen, die für alle Zuschauer unerklärlich wirken. Jason, ich verstand, dass alles, wonach ich immer gesucht hatte, schon längst da war. Ich musste nur wissen, wer ich wirklich bin. Sie sind nicht in der Welt, die Welt ist in Ihnen.«

Es war, als wüsste ich schon, was diese Frau mir sagte, ohne es jemals gehört zu haben. Wie konnte man verstehen, wer man wirklich ist? Die Welt in sich tragen? Würde das nicht voraussetzen, dass man sich bis zu diesem Zeitpunkt selbst etwas vorgemacht hatte? »Wie haben Sie herausgefunden, wer Sie wirklich sind und wie Sie wirklich leben wollen? Denken Sie, dass viele Menschen gar nicht wissen, wer sie wirklich sind oder sein wollen?«, fragte ich Rose. Die zögerte für einen Augenblick. »Wissen Sie«, sagte sie leise, »ich glaube, dass viele Menschen nie wirklich anfangen zu suchen, weil sie nicht wissen, dass ihnen etwas fehlt.« Ihr Blick senkte sich und sie fügte hinzu: »Bis es zu spät ist.« Es war kurz still zwischen uns. Dann sagte sie: »Mir wurde das klar, als ich meinen eigenen Nachlass geschrieben habe.« Sie deutete auf ihre Beine, die regungslos im Rollstuhl lagen. »Ich wurde krank. Das hat alles verändert.« Rose erzählte leise weiter und ich hörte trotzdem jedes Wort ganz deutlich.

»Wie würde ich den Menschen in meinem Leben wohl in Erinnerung bleiben? Ich musste mich mit dem Ende meines Lebens auseinandersetzen. Ich wollte meinen Namen in die Herzen meiner Mitmenschen gravieren, nicht auf einen Grabstein. Als ich die Zeilen meines eigenen Nachlasses schrieb, verstand ich endlich, wie ich leben wollte. Ich wollte so leben, wie ich mir wünschte, dass ich meinen Liebsten für ewig in Erinnerung bleiben würde. Das zeigte mir zum ersten Mal in meinem Leben, wer ich wirklich war und sein wollte. Jedes Ende birgt viele Erkenntnisse, wissen Sie. Hinterher ist man immer weiser als zuvor. Nur ist es dann oft schon zu spät. Wenn ich mir etwas wünschen könnte, dann wäre es, noch einmal jung zu sein und all das zu wissen, was ich jetzt nach so vielen Jahren verstanden habe.« »Was meinen Sie genau?«, fragte ich sofort, während ich immer noch gebannt zuhörte.

»Ich habe immer so gelebt, als wenn ich unsterblich wäre. Für immer jung. Ich habe vieles immer wieder verschoben.

Morgen, morgen, morgen. Meine großen Träume, die wichtigen Gespräche, die Zeit mit meinen liebsten Menschen, die Zeit für mich. Dann vergingen Jahre. Ein ganzes Leben.« Sie schaute mir von unten aus ihrem Rollstuhl tief in die Augen. »Ich habe den Moment der Freude immer wieder verschoben. Als junges Mädchen wäre ich dafür gestorben, endlich zur Universität zu gehen. Als Studentin wäre ich dann dafür gestorben, endlich arbeiten und mein eigenes Geld verdienen zu können. Als ich später anfing zu arbeiten und heiratete, wäre ich dafür gestorben, endlich Kinder zu haben. Als ich Mutter war, wäre ich dafür gestorben, meine Kinder in der Schule zu sehen, damit ich wieder mehr Zeit für mich hätte und arbeiten könnte. Als ich wieder arbeitete und meine Kinder erwachsen waren, wäre ich dafür gestorben, endlich in Rente zu gehen und mich zu entspannen. Jetzt, da ich bald wirklich sterben werde, merke ich, dass ich niemals richtig gelebt habe. Ich denke oft, dass ich mein ganzes Leben lang damit verbracht habe, zu warten. Warten Sie nicht, sonst ist es zu spät! Der beste Tag, um sich bei meinem Sohn zu entschuldigen, wäre vor 20 Jahren gewesen. Der zweitbeste Tag ist heute! Wissen Sie, Jason, jeder Augenblick ist der beste Zeitpunkt, um anzufangen.«

Noch 2:47 Stunden bis zum Abflug

Ein junger Mann mit gelber Weste vom Flughafenpersonal bog im Schnellschritt um die Ecke und kam jetzt direkt auf Rose und mich zu. »Entschuldigen Sie, Miss, es hat leider etwas länger gedauert, als ich dachte. Wir können sofort weiter.« Er löste die Bremse des Rollstuhls. Plötzlich ging alles ganz schnell, wir hatten doch gerade noch miteinander gesprochen. Bevor er den Rollstuhl anschob, hörte ich die sanfte Stimme von Rose. Sie winkte ganz leicht: »Zu leben ist eine Reise, Jason, zu sterben bedeutet, nach Hause zu kommen. Haben Sie eine gute Reise! Wir sehen uns bestimmt mal wieder, ganz sicher!«

Der Mann schob den Rollstuhl in Richtung der großen Schalttafeln mit all den Fluginformationen und dann immer weiter in Richtung der schier endlosen Abflughalle. Irgendwann verlor ich sie aus den Augen. Die Freude über dieses kurze Kennenlernen war größer als jede Enttäuschung über Fragen, die ich Rose gern noch gestellt hätte. Ich freute mich für sie. Diese Frau wird jetzt nach Hause fliegen, dachte ich mir. Ein Kreis, der sich schließt. Ich war mir sicher, dass für Rose zu Hause die Tür offen und das Licht an war. Sie war ganz bestimmt willkommen.

Ich stand jetzt allein genau an der Stelle, an der ich eben noch mit Rose gesprochen hatte. Sie hatte mir die Hand gereicht und dabei mein Herz berührt. Ich dachte über all das nach, was sie mir gesagt hatte. Ich hatte das Gefühl, dass sie mich kennen müsste. Alles, was sie gesagt hatte, spiegelte mein Leben genau wider. Ich war mir sicher gewesen, dass der anstehende Deal mich glücklich machen würde. Das Geld, der Neid der Mitarbeiter, die Macht. Aber wenn ich ehrlich über all die vergangenen Deals nachdachte, wusste ich doch, dass sich eigentlich gar nichts ändern würde: Ich erreiche mein Ziel, mache den Deal und nichts ändert sich. Ich hatte es so oft schon gespürt. Und ich verstand plötzlich, dass mein Glück nichts mit äußeren Einflüssen, sondern nur mit mir zu tun hatte.

Ich fand Maria im großen Duty-Free-Shop der Haupthalle. Zwischen den Gerüchen der süßesten Parfums erzählte ich ihr von meinem Zusammentreffen mit Rose, von dem Brief, den ich gefunden hatte, ihren Gedanken der Reue über die Dinge, die man nicht tut im Leben. Maria hörte gespannt zu und ihre Augen leuchteten, als sie sah, wie sehr mich die neuen Gedanken begeisterten. Sie freute sich mit mir und ich konnte spüren, dass sie fast stolz auf mich war. Es war ein eigenartiges Gefühl, aber der Stolz von Maria war die ehrlichste Bestätigung, die ich seit Langem spürte.

Ich kaufte ein Parfum für Lizzy, und auf dem Kassenzettel und der Tüte, die ich bekam, notierte ich die wichtigsten Gedanken, die ich von Rose bekommen hatte.

Jedes Mal, wenn man mit jemanden redet, könnte es das letzte Mal sein.

Man kann keine Tür schließen, die noch nie geöffnet wurde.

Kleine Momente sind in Wirklichkeit gar nicht so klein.

Nie den Blick für die kleinen Dinge im Leben verlieren!

Das nächste Kapitel des Lebens kann nicht starten, wenn man immer wieder das letzte liest.

Die Tage kommen niemals zurück! Was wir heute erleben, sind die Erinnerungen von morgen. Nicht zu sehr beeilen – sonst wird die Zeit zum Feind!

Jeder kann ein Zauberer sein. Jeder Augenblick ist der beste Zeitpunkt, um anzufangen. Hinterher ist man immer weiser als zuvor. Nur ist es dann oft schon zu spät.

5. Begegnung mit Noah

Tief ein- und ausatmen und zurück zur Quelle finden

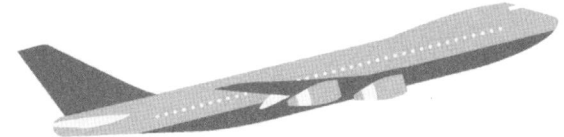

Das Flughafenpersonal wurde soeben im Gate C30 auf ein unbeaufsichtigtes Gepäckstück aufmerksam gemacht. »Wenn Sie ein Gepäckstück vermissen, melden Sie sich bitte umgehend am Gate C30. Unbeaufsichtigtes Gepäck wird sonst sofort sichergestellt«, tönte es plötzlich aus der Lautsprecheranlage.

Unglaublich, jemand hatte also tatsächlich meine Geldbörse gefunden … dachte ich. Sofort machte ich mich auf den Weg zurück zum Gate C30 und konnte mein Glück kaum fassen. Schon von Weitem sah ich die Beamten der Flughafensicherheit genau dort stehen, wo ich zuvor noch gesessen hatte. Als ich näher kam, änderte sich leider alles. Es ging gar nicht um meine Geldbörse. Wie ein Blitz traf mich jetzt die Erinnerung an den Rucksack von Rob, dem Exsupermanager, der jetzt nur noch die Welt als Surfer-Hippie bereiste. Er hatte mich doch gebeten, auf seinen Rucksack aufzupassen! Ich hatte es vergessen. Zwei Männer vom Sicherheitspersonal und ein Mann, der ein bisschen aussah wie ein Indianer aus einem Westernfilm, standen um den Rucksack herum und empfingen mich mit fragenden Blicken: »Der Rucksack gehört also Ihnen, Sir?« »Es tut mir unglaublich leid, Gentlemen, der Rucksack ist ungefährlich. Er gehört meinem Freund Robert Boyd, Rob. Er bat mich, kurz darauf aufzupassen, und ich habe es leider vergessen, tut mir sehr leid, dass ich für Unruhe gesorgt habe. Danke, dass Sie eine Durchsage gemacht haben, ich hätte mich sonst nicht mehr daran erinnert.« Die zwei Männer vom Sicherheitspersonal zeigten sich entspannt: »Keine Sorge, so was passiert hier immer wieder. Bedanken Sie sich lieber bei diesem Herrn hier, er hat den Rucksack gefunden und uns alarmiert.« Sie deuteten auf den dritten Mann, der etwas abseits stand.

Er musste etwa Mitte 50 sein, hatte tief braune Haut, lange schwarze Haare und sehr ruhige grüne Augen. Er trug eine Art modernes Indianerkleid. Ich hatte solche Outfits schon mal gesehen, als ich Lizzy beim Yoga abgeholt hatte. Der Mann sah aus wie ein moderner Indianerhäuptling. Er hob den Rucksack auf und hielt ihn mir wortlos hin. »Vielen Dank, sehr nett«, sagte ich. »Ein wirklich gutes Auge haben Sie!«

»Danke«, antwortete dieser mysteriöse Indianer der Neuzeit, und mir fiel sofort seine tiefe, ruhige Stimme auf. »Aber Dinge zu betrachten – ohne sie zu bewerten. Das ist die wahre Kunst. Wer bewertet, definiert nicht die Dinge, sondern sich selbst. Erst ein reiner Blick ist ein wirklich gutes Auge.« »Sie könnten mir mit Ihrem guten Blick wirklich behilflich sein. Ich suche meine Geldbörse und all meine Reisedokumente. Haben Sie vielleicht etwas gesehen?«, fragte ich hoffnungsvoll. »Ich sehe einiges. Sie tragen viele Dinge bei sich!«, erwiderte er ruhig.

»Wieso?«, fragte ich. Und als ich so an mir herunterschaute, konnte ich mir die Frage eigentlich selbst beantworten.

Mantel, Trolley, Laptop-Tasche, Jackett. Ich war wie ein Packesel behangen, obwohl mir das Wichtigste fehlte. Er antwortete nicht. Wir schauten uns nur lächelnd an und verstanden uns, ohne zu sprechen. Mir fiel auf, dass er beide Hände frei hatte. Keine Tasche, keine Jacke, kein Laptop, Rucksack oder irgendetwas. Er war frei.

»Wer weniger hat, kann auch weniger verlieren«, sagte der Mann dann irgendwann leise und fügte hinzu: »Ich besitze weniger als 100 Dinge! Weniger Gewicht macht mich leicht, frei und beweglich. Eine kleinere Anzahl materieller Gegenstände zu besitzen, bedeutet ein simplifiziertes Leben. Alles was du hältst, hält auch dich. Es ist wie vieles im Leben: Weniger ist oft mehr. Man kann noch Wünsche haben, sich über Kleinigkeiten freuen und hat mehr Platz frei im Kopf und im Herzen. Es geht dabei nicht darum, nichts zu besitzen, aber darum, dass dich nichts besitzt.« Fasziniert von der Einfachheit seiner Gedanken über die Vorteile und Freiheiten weniger Dinge, begann ich sofort im Kopf alle Dinge zu addieren, die ich besaß, und kam schon in meinem Kleiderschrank auf über 100 Teile.

»Meine Dinge freuen mich eigentlich«, sagte ich dann doch recht überzeugt. War es falsch, vieles zu haben? Ich hatte schließlich hart für all das gearbeitet, was ich besitze. Das, was ich besitze, machte mich stolz. »Das glaube ich dir. Das Problem ist nur, dass viele Menschen denken, mehr Dinge führen zu mehr Freude. Menschen glauben, es gibt einen Zusammenhang zwischen Eigentum und Glück. Erst seitdem ich fast nichts mehr besitze, weiß ich, dass das nicht stimmt.

Irgendwo lebt gerade jemand viel glücklicher als du, obwohl er viel weniger besitzt. Die Sucht nach Dingen nimmt dir die Möglichkeit, dich weiterzuentwickeln. Das ewige Verlangen nach mehr ist ein Vertrag, den du mit der Zukunft abschließt und der es dir erst dann erlaubt, glücklich zu sein, wenn du deine Wünsche erfüllt hast und noch mehr Dinge besitzt. Menschen zwingen sich dazu, unglücklich zu sein, während sie mehr Dingen nachjagen, die nichts ändern, außer sie schwerer und unbeweglicher zu machen. Das Leben und die Freude im Augenblick werden dadurch unmöglich.«

»Wo hast du gelernt, auch mit weniger glücklich zu werden?«, fragte ich dann den geheimnisvollen Indianer, der anscheinend aus der ewigen Suche nach Glück ausgestiegen war.

»Das ist eine Geschichte, die lange zurückgeht. Willst du sie hören?«, fragte er dann und legte mir dabei seine Hand auf die Schulter. »Ich habe Zeit!«, sagte ich lachend. »Mein Flug wurde verlegt, ich bin noch etwas hier. Erzähl mir gern deine Geschichte und vielleicht können wir ja dann zusammen mit deinen Adleraugen nach meinen Reisedokumenten suchen.«

Ich lächelte und dachte an die vielen spannenden Dinge, die ich heute schon von fremden Menschen gelernt hatte, die ich gar nicht wirklich kannte. Ihnen meine ehrliche Aufmerksamkeit zu schenken, hatte mir unbezahlbares Wissen über mein Leben geschenkt. Diese Menschen halfen mir, und vielleicht half auch ich ihnen durch meine Dankbarkeit. Es war, als hätte jeder hier am Gate C30 eine wirklich spannende

Geschichte über das Leben zu erzählen. Ich wollte unbedingt auch seine hören. »Komm, wir wollen uns hinsetzen«, sagte ich also und deutete auf eine Reihe leerer Sitzplätze am Rand des Gates direkt an einem breiten Gang, der voller Menschen war. Wir setzten uns nebeneinander. Die Stühle waren so ausgerichtet, dass wir einen Blick auf zwei Rollsteige hatten, die in entgegengesetzte Richtungen führten. Menschen fuhren hier an uns vorbei. Sie kamen und gingen.

Noch 2:32 Stunden bis zum Abflug

»Ich heiße Noah«, sagte der Mann mit seiner ruhigen Stimme und reichte mir die Hand. »Jason«, erwiderte ich, und mir fielen sofort sein fester Händedruck und seine fast lederne Haut auf. Sein Händedruck fühlte sich an wie die erste Seite eines spannenden Buches.

»Ich komme aus Kanada«, sagte Noah. »Ich bin in einem der letzten echten Indianerreservate aufgewachsen, im Wahta Mohawk Territory in der Nähe der wunderschönen Seenlandschaft in Muskoka. Bis vor etwa 80 Jahren gab es dort keinen Strom und kaum befestigte Straßen. Wir hatten sehr wenig, aber die Geschenke der Natur waren unermesslich. Schon als kleiner Junge habe ich gelernt, dass wir nichts besitzen: Es ist nur geliehen – von der Natur und der Zukunft. Wir bekommen es nicht von unseren Vorfahren, sondern leihen es uns von unseren Kindern. Und wenn wir nicht aufpassen, bekommen unsere Kinder es niemals zurück.«

Sofort dachte ich an meine zwei Töchter, Giada und Amber. Nicht sie bekamen etwas von mir, sondern ich lieh mir etwas von ihnen. Noch nie hatte ich so über den Fluss der Dinge in meinem Leben nachgedacht. Noah erzählte weiter: »Alles muss im Gleichgewicht bleiben. Wer etwas aus der Natur nimmt, muss ihr auch etwas zurückgeben. Leider leben wir in einer Zeit, in der Menschen nur noch nehmen, ohne an morgen zu denken. Menschen nehmen mehr, als sie jemals zurückgeben können, weil sie viel mehr besitzen wollen, als sie jemals brauchen werden. Große Häuser, um all ihre Dinge zu lagern, viele Autos, um alles zu transportieren. Ich habe immer wenig besessen, weil ich es selbst tragen musste. Jedes Gramm Extragewicht macht meine Schritte kürzer und meine Wege schwerer. Der reichste Mensch ist nicht der, der das meiste besitzt, sondern derjenige, der am wenigsten braucht. Menschen lieben und Dinge benutzen, nicht Dinge lieben und Menschen benutzen – das ist eine der wichtigsten Lektionen des Lebens. Ich habe etwas, Jason, das viele Menschen niemals haben können: genug.«

Noah sah dabei so zufrieden aus, dass ich ihm wirklich glauben konnte. Er war wirklich erfüllt und er sprach weiter: »Die Abenteuer des Lebens halten viele einzelne Aufgaben für dich bereit. Viele Dinge – wie ein voller Schreibtisch. Es gibt immer etwas zu tun, zu lernen und zu erleben. Oft sind deine Aufgaben zu viele und Dinge geraten in Vergessenheit, versinken in dem Berg aus allem, das noch zu tun ist. Zu viele Dinge versperren oft die Sicht auf das Wesentliche. Du kannst nicht alles sehen. Stell dir an Tagen, an denen du das Gefühl hast, nicht genug zu schaffen, die Größe des Universums vor. Es gibt mehr Sterne im Universum als Sandkörner an allen Stränden, Prärien und Wüsten der Welt. Große Herausforderungen sind niemals Fakten, sondern immer deine Interpretation. Im Vergleich zur Macht der Natur sind die Probleme und Stapel der hektischen Welt fast unsichtbar. Es gibt Dinge in deinem Leben, die du kurz vergessen kannst. Die du sogar kurz vergessen solltest. Aber manche Dinge musst du jeden Tag fest im Auge haben, ganz oben auf dem Stapel – als erste Priorität. Diese Dinge finden ihren Weg sonst niemals zurück aus den vielen Ablenkungen. Wenn du sie vergisst, sind sie für immer weg. Deine Familie zum Beispiel: Wie auf eine wunderschöne Blume musst du auf sie achtgeben. Du darfst sie nicht vergessen. Sie braucht dich, um zu leben. Deine Freunde: Halte sie ganz oben fest und sicher über der Lawine aller Aufgaben, die täglich ins Tal rollt und alles mitnimmt, das nicht tief verwurzelt ist und ein wirklich starkes Fundament hat. Echte, feste Wurzeln aus jahrelanger Verbundenheit. Bäume schenken erst dann Früchte, wenn die Wurzeln tief genug sind.«

Ich hörte gebannt zu und dann fragte Noah: »Du bist doch ein Geschäftsmann, oder?« »Ja«, sagte ich sofort. »Wie sieht er aus?«, fragte Noah dann ruhig. »Der Schreibtisch deines Lebens? Genauso perfekt organisiert wie der Schreibtisch in deinem Büro?« Die Frage ließ mich kurz verstummen. Ich dachte an mein supermodernes Büro. Die penibel aufgeräumte Schreibtischoberfläche. Ich konnte nur sehr schwer Dinge aufschieben, also bearbeitete ich alles sofort.

Keine Papiere, kein Chaos, alles hatte seinen Platz. Glänzende Flächen, saubere große Fenster. Ich war immer stolz auf die Ordnung auf dem Schreibtisch und auf meinen luxuriösen Arbeitsplatz, weit oben über den Dächern der Stadt. Aber was war mit dem Schreibtisch meines Lebens? Es fehlte an Klarheit, Ordnung, an Priorisierung, an Struktur, an Mut und an Entschlossenheit! Woran lag es, dass ich so viel weniger Liebe und Kraft in mein Leben investierte als in meine Arbeit? Die Gedanken von Noah berührten mich. Noch nie hatte ich einen echten Indianer getroffen. Ich wusste gar nicht, dass es sie überhaupt noch gibt. Seine so einfachen Gedanken über die Dinge im Leben. Die Sprache in Bildern und die Verbindung zwischen Mensch und Natur, zwischen Körper und Geist, zwischen Wollen und Brauchen. Ich musste mehr erfahren über seine Überzeugungen und wie ich sie auch für mein Leben nutzen konnte, um auch mit viel weniger ehrlich glücklicher zu sein.

»Wenig zu besitzen, macht die Traglast leichter, das verstehe ich«, sagte ich nach einer Weile. »Aber du sprachst eben vom Leben im Augenblick. Was hat das mit deinem eigenen Besitz zu tun und wie funktioniert es, im Augenblick zu leben, Noah? Ich freue mich natürlich über die Bekanntschaften, die ich heute machen durfte, aber wenn ich an diesen Augenblick und den heutigen Tag denke, fühle ich mich ehrlicherweise inzwischen auch müde und etwas genervt. Immerhin fehlen mir immer noch meine Dokumente.«

»Es ist wirklich interessant, wie deine Sprache mir zeigt, wie du die Welt siehst!«, antwortete Noah. »Wärst du gern jetzt am Ziel deiner Reise? Ohne Verspätung, mit deiner Geldbörse und deinen Dokumenten? Du wärst genau dort, wo du hinwillst?« »Natürlich«, rief ich und sah mich selbst gerade entspannt im Hotel in Doha einchecken. Perfekt!

»Das bedeutet, du bist jetzt gerade getrennt von deinem Ziel?« »Ja, ist das nicht offensichtlich? Ich sitze ja hier mit dir!« Worauf wollte dieser mysteriöse Indianerhäuptling hinaus? »Dann sind dein müder Körper und dein genervter Geist also genauso voneinander getrennt wie du und der Ort, an dem du gern sein würdest?«

Jetzt konnte ich nicht mehr wirklich folgen. Noah sprach ruhig und leise weiter. »Dein Geist und dein Körper sind eins. Aber du sprichst von zwei getrennten Instanzen. Menschen tun das, aus Angst vor der Endlichkeit des eigenen Körpers. Die Trennung des Geistes vom Körper gibt ihnen die Sicherheit, den Körper zu überleben.« Ich hörte aufmerksam zu, als Noah leise weitersprach. »Das Einzige, das wirklich zählt, ist die Kombination aus Körper und Geist. Unterscheide immer zwischen ›sein‹ und ›machen‹ – du willst doch schließlich Mensch sein und nicht ›Mensch machen‹. Dein Bewusstsein ist dabei nicht in deinem Körper, dein Körper ist in deinem Bewusstsein. Du hast echte Unsterblichkeit schon immer in dir getragen. Du hast kein Leben, du bist dein Leben. Deshalb kannst du es auch niemals verlieren. Die wenigsten Menschen wissen das, weil sie niemals aufhören zu suchen.«

»Wie meinst du das, Noah?«, fragte ich verwirrt, und Noah antwortete: »Menschen wollen immer suchen, Probleme lösen – das ist unsere Natur. Was in unserem Stamm die

Ältesten wussten, ist, dass das Verlangen nach Lösungen immer wieder neue Probleme entstehen lässt. Kein Problem zu haben, wird zum neuen Problem. Wir suchen ständig irgendjemanden oder irgendetwas, um Herausforderungen aufzulösen, die nur existieren, weil wir nicht den Mut haben, uns einfach dem Gefühl der Regungslosigkeit hinzugeben. Mit den Gefühlen zu leben, die wir eigentlich immer sofort ändern wollen, lässt alle Probleme verschwinden. Angst, Einsamkeit, Langeweile – solange wir nicht mit diesen Gefühlen leben können, wird es unmöglich, wirklich loszulassen und in der Unsterblichkeit der Mitte zu leben, zwischen den Extremen. Wir kennen nur gewinnen oder verlieren, schwarz oder weiß. Diese Suche nach Klarheit führt uns dabei immer im Kreis. Das Vertrauen auf das Leben aber führt dich zur Mitte, zur Unsterblichkeit.«

Gab es für Noah keine Gefühle wie Trauer? Wie ging er wohl mit Verlusten um? »Was ist mit Dingen, die traurig sind? Was passiert in dir, wenn etwas tragisch endet?«, fragte ich ihn also. »Nichts ist für immer. Vergänglichkeit beschreibt die Harmonie des Lebens und nur solange wir nicht gegen sie ankämpfen, hören wir ihr wunderschönes Lied. Jede Freude beinhaltet immer auch echtes Leid. Auch wenn wir denken, dass sie einander ausschließen, sind sie immer eine Einheit. Jedes Ende ist ein neuer Anfang und jedem Sommer folgt ein Winter. Wir wollen dabei immer den kalten Winter verhindern, vor dem Leid flüchten und nehmen uns dadurch die Chance, die Schönheit des Lebens wirklich zu erleben. Wir müssen die Verbindung beider Gefühle annehmen: Leid und

Freude. Wenn es ankommt, lass es rein, wenn es gehen will, lass es los.«

»Das verstehe ich nicht ganz, Noah. Natürlich ist alles vergänglich – das ist logisch, aber wie findest du das Schöne, den Sommer, in einer schweren Enttäuschung? Ist es nicht ganz normal, dann verletzt und traurig zu sein?«, sagte ich.

»Natürlich, aber die Flucht nimmt der Antwort die Zunge. Jeder Rückschlag und jede Enttäuschung, die wir erleiden, erschüttert die Realität, die wir uns geschaffen haben. Menschen spüren den Schmerz und die Angst und die Einsamkeit und fangen sofort an zu rennen, um sich wieder in Sicherheit zu bringen, um etwas zu spüren, das sich gut anfühlt. Menschen tun alles, um Leid zu verhindern und Freude zu spüren. Wenn Leid in unser Leben kommt, versuchen wir alles, um es zu beenden. Andere Menschen, neue Drogen – mit jeder Ablenkung versuchen Menschen, für einen kurzen Augenblick den Schmerz zu übergehen. Werde zum Beobachter deiner Reaktionen! Wohin rennst du, wenn der Schmerz in dein Leben kommt? Du rennst immer weiter weg von der Möglichkeit, wirklich zu verstehen, wie der Schmerz sofort vergehen könnte. Menschen verschließen sich aus Angst vor den wichtigsten Erkenntnissen ihres Lebens. Im größten Schmerz das Herz zu öffnen und der Angst und Unsicherheit mit Weichheit und Liebe in die Augen zu schauen, schenkt dir sofortige Erlösung. Die eigene Angst willkommen zu heißen, auf das erschütternde Gefühl des Schmerzes zuzugehen mit offenen Armen und klaren, sanften Augen, löst sofort jede Spannung und jeden Schmerz. In einer Welt, in der du nichts wissen kannst, schenkt tiefes Vertrauen dir echte Weisheit und erinnert dich an die Unsterblichkeit, die schon immer in dir war.«

»Wenn ich Unsterblichkeit schon immer in mir gehabt habe, Noah, sie aber grade nicht spüren kann, wie finde ich sie wieder?«, fragte ich nachdenklich. Noah nickte langsam mit einem Lächeln. »Jason, du weißt, was gut ist. Ich mag deine Neugier. All das, was du bewusst wahrnimmst, kannst du kontrollieren. Alles, was du unbewusst wahrnimmst, kontrolliert dich. Du musst lernen, immer wieder zum Bewusstsein zurückzukehren, sonst verirrst du dich im dichten Wald des Unbewussten und suchst vergeblich nach deiner Unsterblichkeit, während dein Leben dir langsam durch die Finger rinnt, ohne dass du es merkst.«

Noch 2:20 Stunden bis zum Abflug

Und dann zeigte er mit seinem Zeigefinger auf seine Nasenspitze. »Tief einatmen!«, sagte er und ich konnte hören, wie er einen langen Atemzug durch seine Nase, tief in seinen Bauch inhalierte, kurz die Luft anhielt und dann aus dem Mund wieder entweichen ließ. Er wiederholte das Ganze noch zwei, drei weitere Male und forderte mich auf mitzumachen. Ich kam mir etwas komisch vor, aber ich versuchte es auch. Zunächst passierte nichts, aber nach dem dritten Atemzug überkam mich ein sehr interessantes und ungewohntes Gefühl. Das Tempo um mich herum schien sich zu verlangsamen.

Die Stimmen wurden leiser, die Energie veränderte sich. Als würde jeder weitere Atemzug die Geschwindigkeit der Welt verlangsamen, legte sich eine angenehme innere Ruhe über mich. Es fühlte sich an, als könnte ich Ruhe einatmen und Hektik ausatmen. Unsere Blicke trafen sich, als wir weiter tief ein- und ausatmeten, und Noah sagte nur: »Das ist der Augenblick. Genau dort findest du deine Unsterblichkeit wieder. Sobald du den Moment spürst, genieße ihn ganz, fühle die Textur des Augenblicks. Denn wenn du den Augenblick verlierst, wird er dir niemals zurückgebracht. Jeder neue Atemzug, Jason, ist ein neuer Augenblick. Der einzig wahre Moment. Er kennt nur das Jetzt. Kein Verlangen, kein Bereuen, nur diese einzigartige Sekunde. Das ist der Moment, auf dem du deine Liebe zum Leben abstützen kannst. Lege dein Herz in den Augenblick und freue dich über den neuen Atemzug. Verfolge ihn in seiner ganzen Schönheit. In dieser Sekunde bist du unsterblich.«

Ausgerechnet jetzt klingelte mein Handy laut und unterbrach die Ruhe. Es war Angela: »Jason, hör zu«, sagte sie mit ihrer kühlen Stimme. »Der Deal ist sicher, ich habe die andere Firma aus dem Rennen geworfen. Du musst nur noch unterschreiben.« »Wie hast du das so schnell …« Sie fiel mir wie üblich ins Wort: »Du kannst nie genug haben, Jason, es geht immer noch mehr, vergiss das nicht!« Mehr sagte sie nicht. Und doch vergaß ich ihre Worte, noch bevor ich sie richtig gehört hatte, es war, als würde ich sie gar nicht wirklich wahrnehmen. Wie ein kalter Wind gegen eine dicke Jacke drangen ihre Worte nicht ganz zu mir durch. Zum ersten Mal nach langer Zeit hatte ich das Gefühl, mein Handy nicht wirklich zu brauchen.

Noah lebte ja auch ohne Handy oder Laptop. Und trotzdem spürte ich, dass Noah in der Endlosigkeit der Natur und Ruhe, ganz ohne Technik und Empfang trotzdem eine viel bessere Verbindung zu seiner Umwelt hatte als viele andere. Er hatte eine echte, stabile Verbindung. Woher kam dieses unsichtbare Band? Ich fragte ihn: »Wie schaffst du es, so verbunden zu sein mit deiner Umwelt? Mit allem, was ist?« Und er erklärte: »Das Verlangen, in Zukunft eine Sache zu haben, oder die Angst, in Zukunft eine andere Sache nicht zu haben, macht die Menschen krank. Es ist Raub aus dem Augenblick, wenn man immer in der Zukunft lebt. So verlieren Menschen die Verbundenheit. Angst und Verlangen sind der größte Feind von klaren Köpfen und reinen Herzen. Von Verbindung. Das Ego lebt davon, nicht mit dem Augenblick zufrieden zu sein. Das ist der Grund, warum so viele Ehen auseinanderbrechen und warum Menschen, die vieles haben, niemals lange glücklich bleiben. Angst und Verlangen sind der Ursprung aller Trauer. Achtsamkeit wird dabei fälschlicherweise oft als veränderter Bewusstseinszustand beschrieben. Das ist nicht richtig. Angst, Verlangen und Stress sind veränderte Bewusstseinszustände. Ein ruhiger Geist und ein offenes Herz, das ist die Essenz des Menschen. Der ruhige Geist des Menschen ist wie ein stiller See. Glasklar, die Sonne scheint durch ihn hindurch, man kann bis zum Boden sehen, bis ins Herz. Das Leben bringt immer wieder neue Erde in den See, Angst und Stress wirbeln diese Erde dann auf, sodass das Wasser trüb wird. Durch Ruhe und Achtsamkeit wird dein See wieder still und klar. Die Erde kann zum Boden sinken, du kannst wieder sehen. Pausen sind hierzu der Schlüssel. Sie sind unerlässlich, sie sind heilig. Die Kraft der Pause macht dich zum König deiner Gedanken und beruhigt den See deines Geistes.«

»Ruhe, ja klar! Natürlich! Aber Pausen?«, erwiderte ich. »Schafft man nicht viel weniger als alle anderen, wenn man zu viele Pausen macht?« Noah sagte: »Vergleiche dich niemals mit anderen. Das ist der Ursprung allen Unglücks. Deine Persönlichkeit beginnt dort, wo du aufhörst, dich zu vergleichen.«

Noah erzählte mit ruhiger Stimme eine kurze Geschichte über Zufriedenheit und die Kraft der Pause. Ich konnte dabei jedes Bild, das seinen Mund verließ, vor mir sehen wie die Szenen eines Filmes: »An einem heißen Tag versuchte ein Mann voll großer Ziele, vor seinem Schatten wegzulaufen – vor allem, was dunkel war in ihm. Er versuchte es so lange, bis er vor Erschöpfung tot umfiel. Hätte er kurz Pause gemacht und sich unter einen großen Baum gesetzt, wäre sein Schatten sofort verschwunden.« Ich war sprachlos. »Die Pause ist heilig für denjenigen, der ihre Kraft versteht. Sie ist niemals träge. Dinge zu verlangsamen, birgt Ruhe. Ruhe schafft Präzision und damit wieder wertvolle Schnelligkeit. Ruhe ist echte Schnelligkeit. Die völlige Reinheit einer ehrlichen Pause schafft die schneeweiße Leinwand, auf der ganz neue Fantasie und klare, frische Gedanken ein Kunstwerk kreieren.«

Die innere Ruhe, die ich spürte, war in diesem Augenblick die beste Bestätigung seiner Worte. Ich machte Pause. Ich öffnete mein Herz plötzlich mehr als meinen Mund.

Noch 2:11 Stunden bis zum Abflug

Ich saß noch lange neben Noah, ohne etwas zu sagen. Ich fühlte mich gut, entspannt, warm. Über die letzten Jahre hatte ich mich an ein Stresslevel gewöhnt, dessen Intensität ich jetzt erst begreifen konnte, als ich zum ersten Mal einfach nur ruhig da saß. Es war nicht so, dass der Sturm und das Chaos sich legten, sondern viel eher, dass ich die Fähigkeit in mir fand, trotz des Stresses meine eigene Ruhe zu finden. Es fühlte sich an wie ein Zentrum der Stille, tief in meinem Inneren. Ich hätte nie gedacht, dass mein Atem so einen Einfluss auf meinen Körper haben könnte. »Gut, oder?«, streichelte die warme, beruhigende Stimme von Noah dann die Stille zwischen uns. »Ja«, sagte ich leise. »Die Stille ist wirklich schön.«

Noah nickte. »Stille ist niemals leer, sie ist voller Antworten. Ich habe als kleiner Junge gelernt, dass Stille ein Zeichen von Respekt ist. Es ist wunderschön, leise zu bleiben, wenn alle anderen von dir erwarten, laut zu werden. Schon der berühmte Mystiker Rumi sagte: ›Es ist der Regen, der die Blumen wachsen lässt, nicht der Donner.‹ In Ruhe nachzudenken, bevor ein Wort meinen Mund verlässt – das ist Ehre und echter Respekt. Etwas zu sagen, ohne es auszusprechen, macht einen König zum Gott. Nicht umsonst können Menschen den Mund schließen, die Ohren aber niemals.«

Noah sprach von den Seen in Kanada in den frühen Morgenstunden. Wenn die spiegelglatte Oberfläche wie ein großes Fenster den tiefen Blick voll ehrlicher Klarheit zuließ und jeder Stein, der auf den See fiel, seine Wellen schlug. Vor allem in Angst, Trauer, Tod oder Krankheit war die Stille immer ein Zeichen von Stärke für Noah und seine kleine Gemeinschaft aus den letzten echten Indianern der Welt. »Es ist aber auch eben diese Stille gewesen, die mein Volk oft als einfältig, dumm und wild hat wirken lassen«, sagte er. »Als ich aufwuchs, dachte ich nie, dass die Natur, die großen Seen, die weiten Täler und die dichten Wälder ›wild‹ seien. Die Menschen, die uns aus unserem Lebensraum vertrieben haben, sahen die ›Wildnis‹ als ›wild‹ an. Sie sahen darin Gefahren, weil sie nicht kannten, was sie vorfanden. Für uns war die Natur zahm, wunderschön, ein Geschenk. Wer sich nicht die Zeit nimmt, Dinge wirklich kennenzulernen, übersieht oft die wahre Schönheit, Jason. In dem Moment, in dem du anfängst, das Leben wie einen Segen zu leben, fängt es an, sich wie ein Segen anzufühlen.«

Ich hörte seine Worte und spürte zum ersten Mal an diesem Tag die Sonne, die durch die große Fensterfront hinter dem Rollfeld auf mein Gesicht schien und mich wärmte, während ich wie in Zeitlupe zusah, wie die schweren Maschinen abhoben und landeten.

»Trau dich, Leere zu spüren, auf all das zu vertrauen, was ist«, fuhr Noah fort. »Die Sucht nach Neuem verschleiert die Schönheit des Alten. Beim nächsten Ausatmen schließt du die Augen.« Ich kannte diesen mysteriösen Indianer erst seit kurzer Zeit, aber die Ruhe, die er in mir auslöste, führte dazu, dass ich ihm vertraute. Es fühlte sich an, als würde mein Atem langsam meine Augenlider senken, und so wurde die angenehme Ruhe in der Dunkelheit hinter meinen geschlossenen Lidern noch intensiver. Es war, als wenn ich erst meine Augen schließen müsste, um zu sehen, was den ganzen Tag in mir vorgegangen war. Ich spürte meinen Atem, ich spürte, wie er meinen Brustkorb hob und wieder senkte. Ich atmete jetzt nur noch durch die Nase ein und aus und konnte spüren, wie die Luft langsam durch meine Nase floss. Ich war an einem Ort voller Stille und Klarheit, den ich nicht kannte, aber der mich willkommen hieß wie einen alten Freund.

»Höre, was um dich herum passiert, Jason«, vernahm ich Noahs leise Stimme wie aus der Ferne. Obwohl er neben mir saß, wirkte er Meilen weit weg, weil ich so tief in mein Atmen versunken war. Ich konnte plötzlich alles hören. Stimmen in der Ferne, Ticketschalter, rollende Koffer. Es war, als könnte ich die Geräusche sehen und anfassen. »Werde wieder Teil deines Körpers. Fühle die Energie in deinen Fingerspitzen und alle Gedanken verschwinden ganz langsam. Sieh deine Gedanken, Jason«, sagte Noah, »lass sie wie Wolken vorbeiziehen. Der blaue Himmel ist immer für dich da, deine Gedanken sind nur das Wetter, lass sie kommen und gehen.« Ich fühlte mich wie ein Beobachter meiner eigenen Seele. Ich konnte meine Gedanken plötzlich sehen, sie aber weiterziehen lassen. Ich hatte in dieser Ruhe die Kraft, scheinbar wichtige Dinge einfach loszulassen, um mich in die sanfte Sicherheit des Augenblicks zu legen. »Spüre, wie in deiner Brust die Sonne aufgeht, Jason«, hörte ich Noah sagen. »Ein kleiner Sonnenstrahl in deiner Mitte wird immer größer und erfüllt deinen ganzen Körper. Flüssige, warme Sonnenstrahlen füllen von oben deinen Körper, sie laufen in deinen Kopf hinein bis zu den Zehnspitzen über deinen Hals, den Oberkörper, die Beine, die Füße. Die Sonne fließt weiter in dich hinein, aber sie läuft niemals über. Wärme, Geborgenheit, endlose Weite. Das Licht streichelt deine Seele und legt sich wie ein Arm um deine Schulter.« Ich fühlte jedes seiner Worte, als würde es ein Bild mit langsamen feinen Pinselstrichen in meine Gedanken malen, mit den schönsten Farben. Noah sprach weiter: »Und jetzt kommst du langsam zurück in deinen Körper. Fühl den Stuhl, auf dem du sitzt, deine Füße auf dem Boden. Spür dein Umfeld, nimm die Gerüche wahr, hör, was um dich herum passiert. Öffne langsam deine Augen und nimm all das, was du erlebt und gespürt hast, aus der Stille in den Tag mit.«

Als ich meine Augen langsam öffnete, war es, als wäre ich neu geboren. Ich fühlte mich so geerdet und in sauberer Balance, erholt und entspannt. Es war, als hätte Noah eine kleine Flamme in meinem Herzen entzündet. Licht schien aus meinem Kopf und eine sanfte Wärme legte sich um meinen Körper. Ich hatte so etwas noch nie gespürt. Das weiche Kissen eines wirklich ruhigen Augenblicks. »Was ist grade passiert, Noah?«, fragte ich ruhig und leise. »Wie hast du das gemacht?« »Ich habe nichts gemacht, Jason. Die Kraft deiner

Gedanken hat das gemacht. Eine kleine Reise zurück zu dir. Dahin, wo deine Ruhe und deine Erkenntnis leben. Wenn du dort ankommst, dann bist du nicht in dieser Welt, sondern sie ist in dir. Ein Ort, den viele Menschen niemals finden. Sobald du deine Gedanken sehen kannst, findest du diesen Ort. Dann lebst du im Augenblick, dann bist du wieder eins mit dir. Es gibt eine Trennung zwischen dem Bild, das du von dir hast, und der Stimme in dir, die über dieses Bild spricht. Diese Stimme existiert nur in deinem Kopf. Das Unglück, von dem diese Stimme immer wieder erzählt, ist eine Kreation deiner Gedanken und wässert Samen in dir, die nicht aufgehen sollten. Sobald diese Stimme von dir erkannt wird, verschwindet sie sofort und du wirst wach in dir selbst, du erkennst die Wahrheit, den Augenblick. Du wirst eins mit dir. Die Stimme kann nicht existieren, wenn du dir über das Jetzt bewusst wirst.«

»Aber wie hat das eben funktioniert?«, fragte ich. »Viele Menschen nennen das, was du gerade erlebt hast, Jason, einfach nur Meditation. Ich nenne es eine Reise zu dir. In meinem Indianerstamm wird diese Art der Selbstfindung schon seit Jahrhunderten praktiziert. Du findest zurück zur Quelle.« Ich hörte gespannt zu, als Noah über die Quelle der Kraft, der Klarheit und des Glücks sprach, die jeder in sich trägt, aber von der nur wenige wissen. »Es bleibt für viele Menschen oft lange verborgen, dass es eine unerschöpfliche Quelle der Kraft gibt, die in ihnen ist. Menschen, die die Verbindung zu dieser Quelle verlieren, spüren ganz deutlich, dass ihnen etwas fehlt. Sie leben nicht im Augenblick, dem einzigen Zugang zu dieser Quelle. Sie suchen dann ein Leben lang nach einer Alternative, nach einer anderen Quelle der Kraft – doch vergeblich. Sie verbiegen sich in der falschen Hoffnung, die Umstände ihres Lebens zu beeinflussen, um all das zu bekommen, von dem sie denken, dass sie es brauchen. Neue Partner, neue Orte, neue Dinge. Dabei ist die Quelle des Glücks, das sie suchen, doch in ihnen. Wenn du die Augen schließt und aufhörst, Fehler zu suchen, erkennst du oft erst die Schönheit der Dinge und die Klarheit der Antworten – du gehst zur Quelle. Die wichtigen Antworten sind in dir. Du musst nur den Weg finden, indem du immer wieder zu dir zurückkommst.« Und Noah sprach weiter: »Das, was wir jeden Tag tun, in Taten und Gedanken, zeigt das, woran wir glauben. Manchmal müssen wir den Kurs korrigieren, aber der Kompass ist hier und kennt immer den Weg.« Noah deutete auf sein Herz. »Es geht nicht darum, wo wir ankommen, Jason, sondern darum, wer wir auf dem Weg dorthin werden. Meditation, die Reise zu dir, und die Zeit mit deinen Gedanken helfen dir dabei, die Schnelligkeit der Tage anzuhalten. Auszutreten aus der ewigen Bewegung, ein Beobachter deiner eignen Gedanken zu werden.« Noah sah mir jetzt mit seinem ruhigen, tiefen Blick direkt in die Augen.

»Wählst du deine Gedanken bewusst aus oder passieren sie einfach, Jason?«, fragte er mich dann. Ich dachte kurz darüber nach. Oft hatte ich das Gefühl, meine Gedanken wären nicht wirklich beeinflussbar und würden machen, was sie wollen, während ich denke, dass ich denke. Sorgen, Ängste – es war, als wenn sie einfach kommen und gehen. »Immer dann, wenn du bewusst etwas wahrnimmst, verschwinden deine Sorgen. Deine Sorgen leben nur in den Gedanken, die in Bewegung sind, wie ein Blatt im Wind. Es bestimmt niemals die Richtung. Ein Vogel hingegen fliegt hoch und schnell, gradlinig und mit klarer Perspektive und deutlichem Ziel.«

Ich fragte noch einmal nach dem Umgang mit Gefühlen wie Trauer, Eifersucht, Angst. Gefühle, die ich immer wieder körperlich spüren konnte. Sie fesselten oft meinen ganzen Körper. War es durch die Kraft der bewussten Gedanken möglich, diese Schmerzen einfach selbst zu heilen?

Noah sprach vom Zauber im Körper, der giftige Gedanken und Gefühle sofort verschwinden lässt. »Das nächste Mal, wenn du spürst, dass negative Gedanken oder Gefühle aufkommen, suche ganz bewusst nach dem Zauber in deinem Körper. Fühle die Energie in deinen Händen, in deinen Armen, deinen Schultern, fühle deinen Körper. Wenn du das tust, fehlt diesen Gedanken die Luft zum Atmen, sie verschwinden einfach.«

Ich versuchte es sofort und ich konnte spüren, wie die lauten Stimmen meiner vielen Gedanken plötzlich ganz ruhig wurden, als ich die Energie innerhalb meiner Finger zu spüren versuchte. Noah lächelte. »Diese Energie ist das Geheimnis der Ältesten. Es macht jeden Tag zur neuen Möglichkeit, das Wunder zu sehen. Tanze im Regen, werde nicht einfach nur nass. Segne den Moment der Ruhe, wenn etwas länger dauert, als du willst. Du darfst dich in Geduld üben, nicht einfach nur warten. Danke im Herzen dem Autor, dessen Bücher du liest, finde die kleinen Wunder deines Lebens, und der Wind wird sich legen, die Sorgen verschwinden sofort, sie haben keinen Platz in einem Geist voll bewusster Gedankenkraft, der den Zauber wieder gefunden hat.«

Noah hatte recht. Immer dann, wenn ich bewusst an etwas dachte, wenn ich mich freuen konnte an den einfachsten Dingen, wenn meine Gedanken nicht einfach wanderten, immer dann war ich für einen Augenblick sorglos. Noah fügte leise hinzu: »Schau dich um, jeder versucht dir zu erklären, was gut und schlecht ist. Jason, die Ereignisse in deinem Leben unterliegen keinem Gesetz. Sie sind nicht positiv oder negativ. Ein Ereignis in deinem Leben ›ist‹. Ohne Wert. Neutral. Ruhig. Zu verstehen, dass du jedem Ereignis selbst einen Wert schenkst, dass du die Gesetze schreiben kannst und dass du die Kontrolle besitzt, das schenkt dir erst die wirklich wahre Freiheit. Dann ist dein Meer ruhig, flach wie ein Spiegel, keine Welle. Kein Ton. Du hörst nichts. Du bestimmst die Richtung, du bist die Natur. Du siehst alles ganz klar, von oben, wie der Vogel. Kennst du das Gefühl, wenn du eine Situation von außen betrachtest? In einem Film oder bei Problemen eines deiner Mitmenschen, bei einer Beziehung von Freunden zum Beispiel – und du weißt sofort, wie die Lösung aussieht?«

»Ja, ich weiß genau, was du meinst«, antwortete ich. »Du kennst die Lösung, weil du nicht selbst in der Situation gefangen bist, Jason. Die Kraft deiner Gedanken schafft das Gleiche, wenn du dem Augenblick vertraust, der dich mitnimmt zu einem besseren Aussichtspunkt. Du wirst ein Beobachter deiner Seele, um Antworten zu finden, die sonst nur für die, die neutral sind, sichtbar wären. Deine größte Verantwortung im Leben ist es, dir treu zu bleiben. Beweise es dir selbst, niemand anderem. Nimm dir jeden Morgen ein paar Minuten Zeit für dich und deine eigene Stille, schließe die Augen, atme tief, und wie ein gesunder Baum wird die Kraft deiner Gedanken immer stärker werden. Echte Treue zu dir selbst, sanfte Klarheit – nur deine innere Stimme weiß, wie sich das anfühlt. Wenn sie es fühlt, wirst du das sofort merken, Jason.« »Woran werde ich das merken?«, fragte ich sofort. »Du fühlst dich glücklich.« Es konnte nicht so einfach sein, ich hakte nach: »Du sagst also, dass mein Glück davon abhängig ist, dass ich mir selbst treu bin?« »Wie du mit anderen umgehst, zeigt, wie du mit dir selbst umgehst. Deine innere Stimme, deine Treue zu dir selbst, hat ihr Echo in deinen erfülltesten Tagen. Diese Stimme hat immer recht und führt dich an den höchsten Punkt deines größten Glücks. Sie ist immer da, du musst sie aber wiederfinden, indem du vieles andere loslässt. Atme, schließ die Augen, halt die Welt an, lass los – und die Stimme wird zu dir sprechen, Jason, ohne Worte, nur mit Stille. Den Wert, den sie dir schenkt, Jason, bestimmst du ganz allein!« »Wie kann ich den Wert bestimmen, Noah? Ist der Wert der Worte nicht immer gleich?«, fragte ich und fühlte mich dabei wie ein junger Indianer, der vom Häuptling in die geheimen Lehren des Lebens eingeführt wird. »Du bist doch ein Geschäftsmann. Was passiert, wenn du in ein Projekt mehr Arbeit investierst?« »Es wird wichtiger, besser und wertvoller! Das ist logisch«, sagte ich. »Ja, und genauso ist es im Leben mit den Worten deiner inneren Stimme, Jason. Wenn du den Dingen in deinem Leben mehr Aufmerksamkeit und mehr Wert schenkst, wenn du mehr in sie investierst, werden sie automatisch wertvoller und sprechen ganz anders zu dir. Du kannst plötzlich alles ganz deutlich hören und verstehen. Wenn du einen schönen Sommermorgen ehrlich wertschätzt, steigt sofort sein Wert für dich und du siehst in ihm Facetten, die für andere unsichtbar bleiben. Rauszugehen ist reinzukommen. Die ersten Sonnenstrahlen des Tages, die Vögel, die leise durch die Luft gleiten, die saubere frische Luft, der Duft von Blumen und das Gefühl eines neuen, gesunden Tages. Die innere Stimme erzählt vom endlosen Wert scheinbar unsichtbarer Dinge, hör genau zu.«

Noch 1:57 Stunden bis zum Abflug

Ich dachte noch lange nach über die innere Stimme und den Wert des Augenblicks, von denen Noah gesprochen hatte. Ich erinnerte mich an Momente in meinem Leben, in denen ich etwas getan hatte, obwohl ich ganz deutlich in mir spüren konnte, dass die richtige Entscheidung eine andere gewesen wäre. Mir wurde klar, dass da meine innere Stimme, meine eigene Treue zu mir selbst, wie Noah sie nannte, zu mir gesprochen hatte, um von echten Werten zu erzählen. Ich konnte sie nur noch nicht laut genug hören. Diese Stimme hatte immer recht. Die Antworten auf die größten Fragen meines Lebens und die Freude an jedem neuen Augenblick, an dieser Sekunde, waren also schon längst ein Teil von mir, ich musste nur auf meine innere Stimme vertrauen. Dieser Gedanke beruhigte mich, er schenkte mir Sicherheit.

Noah schaute entspannt in die große Halle des Flughafens. Die vielen Stimmen, die Hektik, die Lautstärke – all der Lärm schien durch die Kraft seiner Ruhe zu verstummen. Jeder zog einen Koffer voller Gepäck aus der Vergangenheit, keiner hatte Platz für die endlosen Möglichkeiten der Zukunft. Ich hatte heute hier am Gate C30 Menschen getroffen, die mir geholfen hatten auszupacken.

Noahs Blick schweifte über die scheinbar endlosen Abfluggates und er sagte leise: »Jeder hier hat seine Ziele, seine dunklen Momente und seine höchsten Berggipfel. Manche wissen nur noch nicht, wie der Aufstieg funktioniert.« »Was meinst du damit, Noah? Denkst du, viele Menschen sind verloren? Die meisten hier sehen so aus, als wüssten sie genau, wo sie hinwollen, denkst du nicht?« »Viele Menschen wissen überhaupt nicht, dass es einen Weg gibt. Sie laufen einfach den anderen nach, so wie hier im Flughafen. Erst derjenige, der versteht, dass er seinen ganz eigenen Weg finden kann, fängt an, wirklich zu reisen und kann dir Dinge beibringen und Geschichten erzählen von den Orten, die er besucht hat. Die Tatsache, dass du nicht in deinem Flugzeug sitzt, hat dir deine wahre Reise geschenkt.«

Ich dachte einen Augenblick über seine Worte nach und war mir sicher zu verstehen, was er mir sagen wollte. Obwohl ich den Flughafen heute noch nicht verlassen hatte, war ich schon so weit gekommen wie selten zuvor in meinem Leben.

In den vielen Gedanken verloren, die Noah mir eröffnet hatte, merkte ich gar nicht, dass Noah schon die ganze Zeit ohne Schuhe gewesen war. Sah ich richtig? War er wirklich barfuß? »Noah, darf ich dich fragen, warum du keine Schuhe trägst?«, traute ich mich dann doch zu sagen und fand das Ganze doch etwas merkwürdig.

»Es ist gut, mit der Haut die Erde zu berühren. Die Älteren im Stamm in meiner Kindheit liefen oft ohne Schuhe, saßen und schliefen auf dem heiligen Boden, um tiefer zu denken und mehr zu spüren. Wir entfernen uns immer weiter von der Erde, Jason. Nehmen Abstand in hohen Gebäuden, weit weg vom Boden, der uns trägt, uns Leben gibt und uns kennt wie kein anderer. Mit der Natur kannst du du selbst sein, sie schenkt dir alles und will nichts zurück. Spüre ihre Schönheit, geh spazieren, freu dich an ihren Kunstwerken und sieh ihre Wunder – und sie wird dich mit unbeschreiblicher Freude und Wahrheit belohnen. Der, der den Boden unter den Füßen nicht verliert, geht klarer durch das Leben.«

Ich war beeindruckt: »Das klingt wirklich schön, Noah! Aber ist es nicht komisch, hier an diesem Flughafen ohne Schuhe zu gehen? Im Wald oder auf einer Wiese, da kann ich es ja verstehen. Aber hier im Gate ist doch kaum echte Natur.«

Noah lächelte und schaute den Boden vor sich an, hob beide Handflächen und sagte leise: »Alles hat eine Persönlichkeit, Jason, der einzige Unterschied ist die Form. Wissen steckt in allen Dingen. Die Natur und meine Umgebung waren immer meine Bibliothek. Mit den Steinen, den Blättern, der Erde und dem Wasserfall, den Tieren und den Pflanzen teilen wir immer die Freude über die Stürme und Segen der Welt. Wir haben das gelernt, was nur derjenige lernt, der aus der Natur liest und Schönheit spüren kann. Wir hegen niemals Missfallen gegen die Stürme, die starken Winde, die beißende Kälte oder die trockene Hitze. Das zu tun, wäre sinnlos. Wir haben uns angepasst, niemals beschwert. Und so spüre ich den Segen der Erde auch auf diesem Boden, weil er mich trägt und Menschen bewegt.«

»Der Boden bewegt Menschen? Denkst du nicht eher, Menschen bewegen sich auf dem Boden?«, fragte ich ungläubig. »Das Leben ist wie der Aufstieg auf einen Berg«, sagte Noah. »Immer wieder kannst du kurz den Kopf heben, deinen Blick nach ganz oben richten, das Ziel sehen. Aber der Weg ist das Abenteuer. Der Boden schenkt dir immer neue Erkenntnisse. Schau immer wieder auch zurück auf die vielen Höhenmeter, die der Boden dir geschenkt hat. Die vielen verschiedenen Szenen, die sich dir von den verschiedenen neuen Aussichtspunkten aus eröffnen, sind wunderschön. Der Blick vom Gipfel, vom Ziel – das ist der Höhepunkt, im wahrsten Sinne des Wortes. Aber denke niemals, dass die Reise vorüber ist, Jason, nur weil du angekommen bist. Der Boden trägt auch die Schritte, die du selbst noch nicht gegangen bist. Denn jeder Gipfel gibt dir die Weitsicht, die Klarheit und den Mut, den nächsten Gipfel zu sehen und zu erklimmen. Deine Reise ist nie vorbei, denn du eroberst nicht den Berg, sondern du eroberst dich selbst, immer wieder. Die Freude über das Abenteuer neuer Eindrücke ist die unerschöpfliche Quelle des Glücks. Solange du in Bewegung bist,

bist du glücklich. Fortschritt ist Freude. Das Gegenteil von Glück ist nicht Unglück. Das Gegenteil von Glück ist Langeweile. Und das Gegenteil von Langeweile ist Begeisterung. Finde etwas, das dich begeistert, und du wirst ein Glück spüren, dessen Kraft du vorher nicht erahnen konntest. Deine Begeisterung ist der Weg zu den besten Tagen und höchsten Bergen deines Lebens!« Er stand auf, reichte mir die Hand und sagte leise: »Gute Reise!«

»Noah, warte! Du wolltest mir doch noch helfen, meine Dokumente zu finden!«, rief ich. »Hör auf zu suchen, und du wirst mehr finden, als du jemals gesucht hast!«, sagte er und ging fort. Ich schaute auf den leeren Stuhl, auf dem er gerade noch gesessen hatte. Was war passiert? Hatte ich geträumt? Ich schaute in die Richtung, in die Noah, der mysteriöse Indianer, gegangen war, und sah nur das Chaos der vielen Menschen. Im Gegensatz zu der wunderschönen Ruhe meiner tiefsten Gedanken, die mir Noah kurz zuvor eröffnet hatte, wirkte diese Welt einfach nur hektisch. Ich stand auf, um Maria zu suchen, und merkte sofort, dass etwas anders war als sonst. Ich hatte das Gefühl, plötzlich am Chaos des Flughafens vorbeischauen zu können. Das, wovon Noah gesprochen hatte, erlaubte es mir, mehr zu sehen als jemals zuvor. Ich konnte von außen beobachten, ohne mitgezogen zu werden in die Bewegungen dieses wilden Meeres aus reisenden Menschen und Unkontrollierbarkeit. Ich spürte meine Atemzüge. Ich konnte den Augenblick verstehen. Ich wusste mehr als alle anderen. Schon oft hatte ich in irgendwelchen Büchern gelesen oder in TV-Dokumentationen gehört, dass

Menschen im »Jetzt« leben können. Ich hatte das nie ernst genommen, nie daran geglaubt. Für mich war das alles esoterischer Hokuspokus. Aber jetzt hatte ich verstanden, worum es geht – gelernt in einer Flughafenhalle von einem alten Indianer ohne Schuhe, der in einem Reservat aufgewachsen war. Ich spürte eine Klarheit, die ich so noch nie erlebt hatte. Wie in Zeitlupe sah ich die Welt um mich herum.

Maria stand mit ihrem Putzwagen vor den großen silbernen Türen der Aufzüge am Ende der Flughafenhalle, gleich neben den Restaurants, wo ich zuvor noch mit Mel Sandwiches gegessen hatte. Ich ging auf sie zu, schaute ihr ganz ruhig in die Augen und erzählte von Noah, dem Indianer, der kaum etwas besaß und trotzdem alles hatte, von seiner Verbundenheit mit der Natur und der Stille, die giftige Gedanken verschwinden ließ. Davon, wie ich ein paar Minuten lang die Augen geschlossen hatte und meine Gedankenkraft sich schon jetzt unbeschreiblich anfühlte. Was würde wohl passieren, wenn ich das jeden Morgen tun würde, so wie Noah es mir geraten hatte? Ich erzählte, wie ich meine innere Stimme nutzen wollte, um ein besserer Vater und Ehemann zu sein, ich wollte weniger denken und mehr fühlen. Ich wollte Lizzy und den Kindern endlich zeigen, wie viel sie mir bedeuteten. Ich wollte für sie da sein, so wie früher.

Maria gab mir aus einem Müllbeutel, der an ihrem Putzwagen befestigt war, ein paar alte Blätter aus einem Notizblock. Ich schrieb all das auf, was Noah mir gesagt hatte. Maria sah dabei zu. Es fühlte sich an, als wenn sie wirklich stolz auf mich sei.

Wer weniger hat, kann auch weniger verlieren.
Menschen nehmen mehr, als sie jemals zurückgeben können,
weil sie viel mehr besitzen wollen, als sie ~~jemals~~ jemals
brauchen werden.
Zu viele Dinge versperren oft die Sicht auf das Wesentliche –
Bäume schenken erst dann Früchte, wenn die Wurzeln tief
genug sind.
Unterscheide immer zwischen „machen" und „sein".
Kein Problem zu haben, wird zum neuen Problem.
Wenn es ankommt, lass es rein, wenn es gehen will, lass es
los.
~~In deine~~ Tief einatmen!
Angst und ~~falsches~~ Verlangen sind die ~~große~~ größten
Feinde von klaren Köpfen und reinen Herzen.
Stille ist niemals leer, sie ist voller Antworten.
Die Sucht nach Neuem verschleiert die ~~brutale~~ Schönheit des
Alten.
Meditation: Eine kleine Reise zurück zu dir, dahin wo deine
Erkenntnis lebt. Du findest zurück zur Quelle.

Es geht nicht darum, wo wir ankommen, sondern
wer wir auf dem Weg dorthin werden.
Beweise es dir selbst, niemand anderem!

6. Begegnung mit Dilara und Emin

Lieben, um zu lieben,
und unseren Kindern Vorbild sein

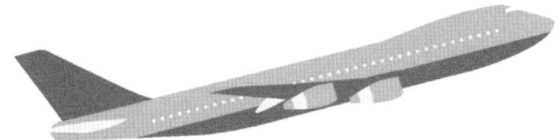

Señor Jason, ich habe etwas für dich«, sagte Maria und griff dabei in ihre Schürze. Ich traute meinen Augen kaum. Sie holte lächelnd meine Geldbörse, meinen Pass und meine Tickets hervor. »Maria, das ist ja unglaublich!«, rief ich und konnte mein Glück kaum fassen. Ich fiel ihr um den Hals und umarmte sie heftig. Ich hob sie dabei vor Freude sogar ein paar Zentimeter vom Boden! Alle meine Dokumente waren da, sogar alle Kreditkarten und alles Bargeld war noch in der Geldbörse. Ich würde fliegen können! Ich konnte es immer noch nicht glauben. »Wo hast du die Sachen gefunden?«, fragte ich aufgeregt. »Direkt am Gate, genau dort, wo du heute morgen gesessen hast. Die Dokumente waren einfach zwischen die Sitze gefallen. Manchmal ist das, wonach du suchst, ganz nah, du musst nur mal gründlich aufräumen, um es wiederzufinden.«

Ich war überglücklich und konnte nicht aufhören zu lächeln – absolut unwirklich! Erst die Stimme aus dem Flughafenlautsprecher brachte mich wieder in die Realität zurück: »Der Passagier Jason Cooper wird zum Gate C30 gebeten, the passenger Jason Cooper is asked to report to Gate C30.«

»Sind Sie Mr. Cooper?«, fragte mich der Herr vom Flughafenpersonal am Schalter des Gate C30. »Ja«, sagte ich mit breitem Grinsen, immer noch so voller Freude. »Für so eine

Firma wie Ihre würde ich auch gern mal arbeiten«, sagte er lachend. »Wir haben grade einen Anruf erhalten vom General Aviation Terminal für Flugzeugcharter und private Jets. Ihre Firma hat Ihnen eine Privatmaschine für Ihre Weiterreise nach Doha gebucht. Sie können gern mitkommen, ich nehme Ihre Tasche. Wir müssen uns beeilen.«

Ich musste laut lachen vor Glück. »Unglaublich, einfach unglaublich«, sagte ich immer wieder. Es musste offensichtlich ein ganz besonderer Tag für mich sein. Ich war überwältigt. Ich hatte so spannende, unvergessliche Menschen kennengelernt, so viel neues Wissen und so wertvolle Gedanken gesammelt in der Zeit am Gate C30, und jetzt würde ich auch noch im Privatjet nach Doha fliegen und den Deal meines Lebens abschließen können. Ich fühlte mich unbesiegbar, überglücklich und voller Energie. Wenn Maria das hören würde. Ich konnte es kaum glauben.

Wir gingen mit schnellen Schritten in Richtung General Aviation Terminal. Ich konnte durch die großen Fenster die kleine weiße Maschine schon sehen. In dem Moment spürte ich, wie mein Handy vibrierte und mich ein Anruf erreichte. Sicherlich Angela und die Kollegen, die mir die gute Nachricht mitteilen wollten. Als ich dranging, hörte ich Lizzys Stimme. Sie klang anders als sonst. »Jason, ich brauche dich hier. Ich brauche deine Unterstützung. Bei Amber ist heute in der Schule ...« Ich freute mich, von ihr zu hören, aber unterbrach sie: »Lizzy, Honey, ich kann gerade nicht, ich muss zum Jet, also ich werde mit einem Privatjet nach Doha fliegen, der Flug heute morgen wurde verlegt, meine Dokumente waren weg, jetzt habe ich sie wieder. Die Company hat mir jedenfalls gerade einen Jet gechartert, Wahnsinn, oder? Ich habe total spannende Menschen kennengelernt heute, muss ich dir in Ruhe erzählen, lange Geschichte. Wir müssen uns gerade etwas beeilen. Ich melde mich, wenn ich gelandet bin und der Deal über die Bühne gegangen ist, gut?«

Ich hörte nichts. »Hallo, Lizzy?« Hatte sie aufgelegt? Es musste die schlechte Verbindung sein. Ich spürte, wie ein Unwetter aufzog, der Himmel war dunkelgrau.

Draußen auf dem windigen Rollfeld wurde gerade die kleine Treppe an der Seite des Jets für mich ausgefahren, als mein Handy sich wieder meldete. Es war noch einmal Lizzy. »Honey!«, sagte ich. »Da bist du ja wieder, ich glaube, wir sind unterbrochen worden. Es ist gerade schlecht!« Durch den fauchenden Wind und die laufenden Triebwerke konnte ich sie nur schwer verstehen, aber ich spürte das, was ich nicht hören konnte. »Jason, ich liebe dich, aber du bist nicht mehr der Mann, den ich geheiratet habe. Wir brauchen dich hier in der Familie. Ich kann das nicht mehr allein, aber du lässt mir keine andere Wahl, als es allein zu versuchen.« Ich hörte, dass sie weinte. »Ich kann es einfach nicht mehr. Es tut mir leid. Wir reden, wenn du zurück bist.«

Kurz vor dem Rückflug

Die Zeit stand still, ich konnte mein Handy kaum festhalten. Tränen schossen mir in die Augen. Es war, als wenn alle Schmetterlinge, die jemals in mir gelebt hatten, gleichzeitig starben.

»Ist alles in Ordnung, Mr. Cooper? Sie müssen jetzt einsteigen, Ihr Jet hat einen festen Start-Slot, der eingehalten werden muss, außerdem ist dieses Wetter jetzt schon gefährlich. Wenn wir nicht gleich starten, können Sie heute nicht mehr fliegen«, hörte ich den Herrn vom Flughafenpersonal wie aus weiter Ferne sagen.

»Nein!«, sagte ich nach einer Pause. »Ich werde nicht fliegen!«

Ich sah mich selbst im Spiegel der kleinen Flughafentoilette und spürte, wie die Tränen an meinem Gesicht herunterliefen. Ich musste mich mit beiden Händen am Waschbecken abstützen, war kraftlos und verzweifelt. Ich hatte alles verloren: meine Frau, meine Kinder, den Deal, meinen Beruf.

Ich schloss mich in eine Toilettenkabine ein und mein Körper sank zu Boden. Als ich langsam die Augen schloss, wurde es dunkel und still. Es war, als würde ein Teil von mir sterben, und zum ersten Mal dachte ich darüber nach, was wohl passieren würde, wenn ich mich umbringen würde. Wer würde ehrlich weinen? Wer würde an meinem Grab stehen?

Eine Ewigkeit verging.

Erst das Klopfen an der Tür holte mich zurück ins Leben. »Señor Jason?«, hörte ich die wunderschöne weiche Stimme von Maria. Ich erzählte Maria alles. Ich öffnete mich ihr, wie ich es kaum zuvor bei jemandem getan hatte. Die Worte sprudelten aus mir heraus und befreiten mich von ihrem schweren Gewicht. Meine Maske fiel. Sie hörte jedes Wort, umarmte mich und sagte nur: »Das Licht in dir scheint wieder, Señor Jason!« Unsere Blicke trafen sich ein letztes Mal.

Manchmal müssen unsere Augen von unseren Tränen gewaschen werden, sodass wir ganz neue Dinge sehen können. Ich wusste nun genau, was ich tun musste. Ich traf in diesem Augenblick eine Entscheidung, die sich so gut anfühlte wie wenige Entscheidungen in meinem Leben zuvor: Ich musste zurück nach Hause! Mit absoluter Klarheit nahm ich meine Tasche und all meine Dokumente und ging los. Alle Menschen kamen mir entgegen, aber ich ging in die andere Richtung. Ich hatte das Gefühl, sie sahen mich an, aber sie sahen nur das, was sie sehen wollten. Den teuren Anzug, das scheinbar reiche Leben.

Menschen wollen nicht das Haus, sie wollen das, von dem sie denken, dass es im Haus passiert. Jeder, der von außen in mein Leben sah, wollte rein. Aber ich, der von innen aus meinem Leben herausschaute, wollte nur noch raus, nach Hause. Ich hörte endlich auf, mich mit allen anderen zu vergleichen. Das, was ich tat, entsprach meiner neu gefundenen, ganz eigenen Definition von Erfolg und Progression. Ein Grund, warum Menschen nicht wachsen, ist die Angst vor all den Dingen, die sie aufgeben müssen. Dabei bleiben sie blind für alle Chancen, die neu in ihr Leben kommen könnten.

Ich wischte mir die letzten Tränen aus dem Gesicht – und meine Mission wurde mir immer klarer. Ich wollte zurück! Jeder meiner Schritte in diese Richtung wurde schneller, weil ich mit jedem weiteren Meter merkte, dass ich auf dem richtigen Weg war. Auf einer der langen Rolltreppen fuhr mir plötzlich Rob entgegen, der Exmegamanager, der zum entspannten Surfer geworden war. Er hatte inzwischen seinen Rucksack wieder und war sicher auf dem Weg zum Gate C30, um endlich den Flug nach Doha zu nehmen. Er schaute mich an, als wenn er genau wüsste, was heute in meinem Leben alles passiert war. Er zwinkerte mir zu und sagte nur: »Komm sicher nach Hause, Amigo!«

Ich spürte eine unglaubliche Energie, mein ganzer Körper füllte sich mit Selbstvertrauen und Freude über meine Entscheidung. Ich sah durch alle Hindernisse, alle Zweifel und Konsequenzen hindurch. Ich hatte nur noch ein Ziel: Ich wollte nach Hause, zurück zu meiner Familie!

Auf dem Weg nach Hause

Ich buchte mein Ticket nach Doha um – auf das schnellste Ticket zurück nach Hause. Dazu kaufte ich vier Tickets nach San Teodoru, einem kleinen Dorf in Sardinien, in dem Lizzy und ich unsere Flitterwochen verbracht hatten. An diesem Ort würde ich ihr und den Kindern beweisen, dass ich wieder der Mann und Vater sein konnte, der ich früher gewesen war. Der Mann, den Lizzy geheiratet hatte. Eine Reise als

Familie – voll wahrer Liebe und ehrlicher Aufmerksamkeit, ohne Zeitdruck und Arbeit.

Ich konnte es kaum erwarten, Lizzy und die Kinder wiederzusehen. Der Flug startete pünktlich. Ich fühlte mich, als wären mir Flügel gewachsen, die mir zum ersten Mal erlaubten, die Welt von oben zu sehen. Ich lehnte meinen Kopf gegen die Lehne des Sitzes und spürte, wie der Flieger nach dem Start langsam auf die Reiseflughöhe stieg und sich alles um mich herum beruhigte. Ich war auf dem Weg.

Was sich anfühlte wie der Direktflug zur Lösung all meiner Probleme, wurde plötzlich durch einen lauten Schrei unterbrochen. Ich erschrak und sah mich sofort um. Was war geschehen? Ein Unfall? Erleichtert stellte ich fest, dass es ein kleiner Junge war, der in der Sitzreihe neben mir herumkletterte und in sein Spiel versunken einen lauten Schrei ausgestoßen hatte. Ich musste schmunzeln. Ich schaute ihm für einen Augenblick bei seinem Spiel zu und mir fiel auf, wie viel Spaß dieser Junge hatte. Allein, ohne Spielzeug, nur durch die Kraft seiner Gedanken und seiner Fantasie. Ob er wohl wusste, wie wertvoll diese Gabe war? Seine Vorstellungskraft gab ihm die Flügel und die Kraft, höher zu fliegen, als dieses Flugzeug es jemals könnte.

»Entschuldigen Sie, er ist wirklich ein quirliges Kerlchen«, sagte eine junge Frau, die ebenfalls in der Sitzreihe neben mir saß. »Das hat er von mir, haha!«, hörte ich dann eine männliche Stimme gleich neben ihr. Beide lächelten fröhlich. Offensichtlich waren sie eine kleine Familie, die zusammen verreiste. »Sorry, Sir«, sagte der Mann. »Mein Name ist Emin, das ist meine Frau Dilara und der Kleine ist unser erster Sohn Zeki.« »Lustiger Junge«, sagte ich, »er scheint ja wirklich Spaß zu haben.« Beide lachten, und Emin antwortete: »Er ist ein Kind, natürlich hat er Spaß, er sieht den Zauber noch.« Die Worte des jungen Vaters machten mich neugierig. Wenn ich heute etwas verstanden hatte, dann den unbezahlbaren Wert eines guten Gesprächs. Dieses junge Paar erinnerte mich an Lizzy und mich zu Beginn unserer Beziehung. Ich wollte alles wissen, über das Kind, den Zauber und die Liebe, die dieses junge Paar teilte. Ich hatte heute mehrere der wichtigsten Lektionen meines Lebens erhalten. Ich wusste jetzt, dass ich nie aufhören würde zu lernen, zu fragen und einfach zuzuhören. Ich war auf einer Mission und hatte vielleicht die allerletzte Chance, meine Familie und mein Leben zu retten.

Als ich sah, wie der kleine Junge immer noch auf den Armlehnen der Sitze seiner jungen Eltern herumkletterte und spielte, sagte ich: »Ich verbiete meinen Kindern oft Dinge. Ich habe zwei Töchter, wisst ihr. Giada und Amber. Sie sind beide noch sehr jung und mein ganzer Stolz. Ihnen bestimmte Dinge zu verbieten und klare Regeln zu geben, ist doch meine Pflicht als Vater, vor allem wenn ich selten da bin, um auf sie achtzugeben, oder? Lebt ihr ganz ohne Regeln für euren kleinen Zeki?« Das junge Paar lachte laut. »Natürlich gibt es Regeln. Aber die Regeln gelten einfach eher für uns als für unser Kind.« »Was meint ihr damit?«, fragte ich sofort nach. »Das müsst ihr mir unbedingt erklären.« Ich merkte, wie das Gespräch schon jetzt spannend wurde.

»Kinder brauchen Vorbilder, keine Kritiker und keine

Lehrer. Kinder machen nur sehr selten, was man ihnen sagt, aber sie machen alles nach, was man ihnen vormacht. Sie sind unglaublich gute Nachmacher. Es ist diese Fähigkeit, die es ihnen erlaubt, die komplexesten Abläufe so schnell zu lernen. Sprechen, stehen, gehen, malen. Sie imitieren einfach alle Dinge, die sie sehen, also haben wir klare Regeln für uns aufgestellt und zeigen Zeki nur Dinge, die ihn weiterbringen. Ein gutes Vorbild hat doppelt so viel Wert wie ein guter Ratschlag.«

Ich war beeindruckt von diesem Perspektivwechsel und wollte sofort mehr erfahren. Es klang sinnvoll. Ich dachte zurück an all die Momente, in denen ich andere Eltern sah, die ihre Kinder anschrien oder die Kontrolle über ihre Emotionen verloren. Eltern, die laute Auseinandersetzungen vor den Kindern austrugen, inkonsequent waren, undiszipliniert, unmoralisch, unehrlich, bösartig. Es war ein ganz neues Gefühl, sich klarzumachen, dass Kinder einfach alles nachmachen, was sie bei ihren Eltern sehen. Sofort fielen mir Dinge ein, die ich zu Hause hätte anders machen müssen. Sofort fielen mir Regeln ein – nicht für die Kinder, aber für mich! Regeln, die ich viel zu oft missachtet hatte.

»Ein sehr wertvoller Gedanke«, sagte ich schließlich. »Man vergisst oft vor lauter Nachdenken über die Zukunft des Kindes den Augenblick und diese Tatsache, dass die Kleinen einem alles nachmachen.«

»Genau richtig«, sagte Dilara. »Die Zukunft der Kinder vor die Gegenwart des Zusammenseins zu stellen, ist gefährlich, es versperrt oft die Sicht auf diese wichtigen Gedanken.

Die einzige Botschaft, die du deinem Kind schenken kannst, ist immer hier im Augenblick.« Ich dachte zurück an mein Gespräch mit Noah und verstand, wie wichtig der Fokus auf den Moment auch für meine Kinder war, nicht nur für mich! Ich dachte immer darüber nach, wer meine Kinder morgen wohl sein würden, und vergaß dabei, dass meine Kinder heute schon jemand sind. Ich wollte sie immer für die Zukunft formen, obwohl ich mich einfach in jeder Sekunde an ihnen freuen sollte.

»Ab wann ist es wichtig, für Kinder Vorbild zu sein?«, fragte ich. »Von Anfang an«, kam die selbstverständliche Antwort von Emin. »Von Anfang an? Egal, wie alt die Kinder sind? Kinder erinnern sich doch an vieles aus dem ganz jungen Alter gar nicht. Zumindest ist es bei mir so«, sagte ich und versuchte vergeblich, mich an die Tage meiner frühsten Kindheit zu erinnern. »Deine Erinnerungen sind wie ein Kind, das am Strand entlangspaziert. Du weißt nie, welche kleinen Muscheln oder Steine es aufheben und für immer in einer kleinen Schatzkiste aufbewahren wird. Auch wenn du nicht immer weißt, was sich in der Kiste verbirgt, ist ihr Inhalt immer da.«

Die Erinnerungen meines ganzen Lebens waren also irgendwo gesammelt, auch wenn ich sie nicht immer sehen konnte. Ich dachte noch immer über diesen Gedanken nach, als Emin hinzufügte: »Kindheitserinnerungen halten für ewig. Wie in weichem Zement hinterlässt all das, was darauffällt, für immer eine deutliche Spur. Deshalb ist es für uns wichtig, schon jetzt achtzugeben, welche Erinnerungen Zeki sammelt, welche Werte wir ihm vorleben, welche Wahrheiten wir ihm zeigen. Es ist viel leichter, starke Jungs zu erziehen, als gebrochene Männer zu reparieren.«

»Wie habt ihr euch kennengelernt?«, fragte ich Emin und Dilara und war gespannt, die Geschichte dieses jungen Paares zu hören und zu verstehen, woher ihre sehr einzigartigen Gedanken stammten. »Wir sind beide Schauspieler«, antwortete Emin. »Wir haben uns bei einem Theaterstück des Türkischen Staatstheaters in Bursa kennengelernt, in dem wir gemeinsam gespielt haben. Es ist immer besonders, jemanden kennenzulernen, der die gleiche Passion hat wie man selbst. Es eliminiert sehr viel Unklarheit. Wir lesen die gleichen Bücher, haben sehr ähnliche Einstellungen zum Leben, zu Werten, zu Gemeinschaft und zu Authentizität.«

»Und wo kommen die Gemeinsamkeiten im Hinblick auf die Authentizität her? Durch die Tatsache, dass ihr beide Schauspieler seid?« »Genau«, sagte Dilara. »Gerade weil es unsere Passion ist, in verschiedene Rollen zu schlüpfen, geht es zwischen uns immer auch darum, absolut echt miteinander zu sein. Transparent, ehrlich, mit allen Schwächen und jeder Facette unseres Wesens. Das ist wahre Verbindung und echte Partnerschaft. Eine Rolle zu spielen, kreiert eine andere Welt, die es niemals wirklich geben wird. Sie existiert nur in den Gedanken anderer über dich und hat keine Seele.«

Ich dachte an die vielen Male, bei denen ich nicht ganz ehrlich war, eine Rolle gespielt hatte gegenüber Lizzy, und wie leer sich diese Rolle anfühlte. Wie ein lebloses Kostüm aus Angst, was ich mir immer wieder überziehen konnte, um meine tiefsten Wahrheiten zu verbergen. Ich konnte es kaum erwarten, dieses Kostüm für immer abzulegen.

»Ehrlichkeit und Offenheit ist eine Kunst, an der wir jeden Tag hart arbeiten«, sagte Emin und erzählte von der ehrlichen Verbindung zweier Menschen, die wie eine Leinwand sei. Die Farben darauf seien die tiefsten Emotionen, die durch die unbändige Kraft der echten Gefühle, durch den klaren Blick in die Augen des anderen und durch die zarte Berührung der Hände in das wunderschöne Porträt echter Gemeinschaft fließen. »Bei der Schauspielerei geht es immer um all das, was zwischen den Worten passiert. Die Gefühle der Menschen und die Geschichte hinter der Geschichte«, sagte Dilara. »Es geht um den Menschen, nicht das Kostüm. Immer wieder sehe ich Menschen, die sich in Blumen und Blüten verlieben und nicht in die Wurzeln. Wenn dann der Herbst kommt und die Blätter fallen, wissen viele nicht mehr weiter, und die Liebe wird verworfen und im nächsten Frühling neu gesucht. So vergehen Jahre, und auf der Suche nach immer neuer Schönheit vergessen sich die Menschen selbst und werden zu Schauspielern ihres eigenen Theaterstücks. Die Kostüme sind die Kostüme der Menschen, denen sie gefallen wollen, denn der einfachste Weg, eine Gemeinschaft zu finden, ist, den Menschen zu gefallen, mit denen wir eine Gemeinschaft haben wollen. Dabei vergessen viele, wieder ins wahre Leben zurückzukehren, und hören niemals auf, ihre Rolle zu spielen und ihre Fehler zu verbergen. Selbst deine Fehler sind Perfektion für das Herz, das dafür bestimmt ist, dich zu lieben, aber dafür musst du dein Herz öffnen und dich wahrhaftig zeigen – so wie du bist. Es braucht Mut, die Person zu werden, die du wirklich bist. Der härteste Auftritt, den du jemals haben wirst, ist der, bei dem du einfach du selbst sein sollst.«

Kurz vor der Landung

Unser Flug war etwas turbulent. Als das Essen serviert wurde und ich versuchte, aus der kleinen Plastikschale etwas Salat zu essen, ohne dass er mir in der wackeligen Kabine auf den Schoß fiel, sagte Dilara plötzlich frei heraus: »Zeki war nicht geplant!« Sofort spürte ich Dilaras Authentizität – wie durch ein sauberes Fenster, durch das ich plötzlich alles sehen konnte, ließ sie mich in ihre Seele blicken. »Aber wir haben uns sofort gefreut. Glück kommt oft gar nicht so zufällig ins Leben, wie alle denken. Der Lottoschein mit den richtigen Zahlen muss ja vorher auch gekauft werden. Ein Kind ist die Entscheidung der Schöpfung, dass die Welt weiter voranschreiten soll. Wir sind jetzt eine Familie, wir brauchen einander.« Ich war neugierig: »Heißt das, dass das gemeinsame Kind die Liebe und eure Gemeinschaft stärker gemacht hat, weil sich die Familie jetzt gegenseitig braucht?« Ich dachte dabei an eine Art Zweckgemeinschaft und fragte mich, ob echte Liebe durch äußere Umstände beeinflussbar war, ob diese jungen Eltern sich vielleicht gegenseitig eher brauchten als liebten. Emin lächelte und erklärte, wie wichtig es sei zu lieben, weil man bereit ist, nicht weil man einsam ist:

»Es geht bei unserer Liebe nicht darum, jemanden zu lieben, weil man ihn braucht, sondern jemanden zu brauchen, weil man ihn liebt.«

Dieser einfache Satz machte mich nachdenklich, weil er mich an so viele Tage erinnerte, an denen ich nicht zwischen Liebe und Gewohnheit unterscheiden konnte, zwischen brauchen und wollen, geben und nehmen, suchen und finden. Was hatte dieses Paar genau über Liebe verstanden, was ich nicht wusste? Sie waren doch noch so jung.

»Woher wisst ihr das alles so genau?«, fragte ich dann und hoffte auf ein paar gute Empfehlungen – ein Ratgeberbuch, das Seminar eines berühmten Paartherapeuten oder andere Tricks für eine anscheinend so mühelose, spielerische Beziehung, wie diese beiden sie lebten. Emin und Dilara lachten. »Wir tun einfach die Dinge, die sich richtig anfühlen.«

»Das zu tun, was richtig ist, auch wenn keiner jemals erfahren wird, dass du es getan hast, ist meistens eine ganz gute Herangehensweise«, ergänzte Emin und legte seinen Arm um Dilara, die hinzufügte: »Und viele der Dinge, die wir tun, sind nicht normal und nicht alltäglich – und das ist gut so.« Sie sah dabei in Emins Arm so aus, als wenn sie sich wirklich zu Hause fühlen würde. Nicht in einem Zuhause, das durch Hände erbaut wurde, sondern einem Zuhause, das reine Herzen mit Wärme gefüllt hatten.

»Wie meinst du das, Dilara?«, wollte ich wissen. Was waren wohl die Dinge, die dieses Paar anders machte als alle anderen, um dadurch eine Art Beziehung zu leben, die anders war als die aller anderen? Konnte ich hier im Flugzeug in diesem jungen Schauspielerpaar die Geheimnisse einer glücklichen Ehe entdecken?

»Wir sind oft wie Kinder!«, sagte Dilara und wieder lachten die beiden. »Ein Kind ist nicht angepasst – und genau so leben wir auch. Wir sind albern miteinander, nehmen uns nicht zu ernst, vergessen nie den Spaß an unserer Gemeinschaft, die Freude in unserem Team. Erwachsene können Kriege kämpfen, streiten, wirklich böse Worte finden, aber Kinder können Geschichten erzählen mit endloser Vorstellungskraft und ohne Grenzen. Wir sagen dem Leben nicht, was es sein muss, damit würden wir es eingrenzen. Wir lassen uns vom Leben zeigen, was es sein will, damit eröffnen sich immer neue, endlose Möglichkeiten. So versuchen wir, unsere gemeinsame Zeit zu genießen, miteinander zu wachsen und das Leben für uns geschehen zu lassen.« »Und wie macht ihr das genau?«, wollte ich jetzt unbedingt wissen und erinnerte mich an die schönsten Momente mit Lizzy, wenn wir zusammen lachten und es für einen Augenblick nur um die Freude aneinander ging. Es waren Momente, die sich anfühlten, als würde die Sonne hinter den Wolken hervorkommen und jedem Menschen, den sie berührt, ein warmes Lächeln ins Gesicht malen. Diese kurzen Momente passierten oft einfach, ohne dass ich wirklich verstehen konnte, wie und warum. Hatten Emin und Dilara gelernt, dieses Gefühl an jedem ihrer gemeinsamen Tage zu spüren? Wie war es möglich, immer so zu leben?

»Liebe wird immer geschenkt. Absolut frei. Wir lieben nicht, um zurückgeliebt zu werden, wir lieben einfach, um zu lieben. Es geht darum, jemanden zu finden, der dich wegen deiner Einzigartigkeiten liebt, nicht trotz derselben. Wenn du so jemanden gefunden hast, dann hast du echte Liebe gefunden, und dein Herz zeigt dir den Weg zu den Dingen, die du tun kannst, um diese Gemeinschaft zu stärken. Dinge, die oft unsichtbar sind«, sagte Dilara und sprach von einer Verbundenheit, die der Außenwelt für immer verborgen bleibt. »Menschen, die sich lieben, sind wie zwei Bäume, die einzeln stehen, nah genug beieinander, um ein Paar zu sein, aber weit genug voneinander weg, um sich in all ihrer Pracht entwickeln und wachsen zu können. Was nur wenige wissen, ist, dass die Wurzeln nebeneinander stehender Bäume miteinander verwoben und verflochten sind und sie die Bäume zusammen und fest am Boden halten. Kein Sturm kann sie bewegen, solange sie sich wirklich tief vereinen. Liebe zu finden, ist dabei immer das Ende der Suche. Aber Liebe zu zeigen, ist der kleine Anfang, der etwas wirklich Großes schaffen kann«, sagte Dilara und sprach darüber, wie sie und Emin sich jeden Tag gegenseitig zeigen, wie sehr sie sich wollen, auch wenn sie sich doch eigentlich schon längst haben.

»Meine Familie kommt ursprünglich aus Italien«, sagte Dilara mit einem breiten Lächeln. Das erklärte wohl auch, warum sie so viel gestikulierte, wenn sie voller Überzeugung über Liebe, Freude, Emotion, Familie und Zusammenhalt sprach. Sie wiederholte immer wieder, dass in einer Familie niemand vergessen und niemand zurückgelassen werden durfte. Dieser kleinen jungen Familie war es egal, was sie im Leben hatten. Sie verstanden aber immer, dass es darum ging, wen sie im Leben hatten. »Ich kam erst als junge Frau in die Türkei. Ich bin in Rom geboren in einer kleinen Seitenstraße, Via Collalto Sabino, direkt über dem belebten Café Romoli. Jeden Morgen hörte ich den Dampf der großen Espressomaschine und das herzhafte Lachen der Kunden im Café. Ihre Gespräche klangen fast wie Lieder, weil sie mit so viel Freude ausgetauscht wurden. Der Geruch von frischem Gebäck und von gerösteten Kaffeebohnen erinnert mich für immer an meine Kindheit.« Ich hörte Dilara gespannt zu und konnte die Kaffeebohnen und das Gebäck selbst fast riechen.

»Ich bin es gewohnt, Liebe und Gefühle zu zeigen. Worte sind oft schwach, sie sind die Quelle aller Missverständnisse. Gefühle sind viel stärker, sie sprechen immer die Wahrheit, ohne den Mund zu öffnen. Es ist gar nicht so schwer, wenn man aufhört, darüber nachzudenken. Menschen wollen immer wissen, was sie tun können, um die Welt zu einem besseren Ort zu machen, Kriege zu beenden und Frieden zu schenken. Das Wichtigste wäre: nach Hause zu gehen und die Familie zu lieben. Dort fängt alles an. In unserer Familie gab es immer sehr viel Zuneigung, viele Umarmungen, echte Tränen, wahre Freude – voller Begeisterung und Emotion eher aus dem Herzen als aus dem Kopf heraus. Viel zu oft spricht der Mund Dinge, die das Herz gar nicht fühlt«, sagte Dilara und sofort musste ich an unzählige Situationen denken, in denen Worte auf dem Weg aus meinem Körper ihre Gestalt änderten. Die Wahrheit blieb dabei oft unausgesprochen.

Emin fügte hinzu: »Menschen haben oft Angst, Liebe zu zeigen, weil sie fürchten, sie nicht zurückzubekommen. Sei nicht der, der ›Ich liebe dich‹ nur sagt, sondern der, der ein Gefühl schenkt, das die Worte wahr macht, bevor sie die Lippen verlassen haben. Liebe ist in jeder Person und wartet darauf, verschenkt zu werden, aber nicht nur für andere, sondern für dich und dein Glück.«

Es war, als wenn dieses Paar alles wüsste, was es über Liebe und Partnerschaft zu sagen gab. Umso überraschter war ich, als ich verstand, dass ich der Einzige war, der so dachte. Emin und Dilara sahen sich selbst noch als Anfänger – unerfahren und mit tiefem Respekt vor den unzähligen Theorien über Liebe und einem Lernprozess, den sie als endlos beschrieben. »Du wirst Liebe für den Rest deines Lebens lernen müssen«, sagte Emin und sprach dann über ein tiefes Vertrauen in das Gute, um selbst Gutes zu erleben.

»Aber was ist mit Menschen, die nicht nur Gutes wollen? Was ist mit Menschen, die andere verletzen und betrügen?«, musste ich fragen. »Wenn du misstrauisch bist, wird die Welt für dich immer auch böse bleiben. Erst echtes Vertrauen in das Gute schenkt dir den Frieden, mit dem du die Liebe finden kannst«, sagte Dilara und fügte hinzu: »Um das Gute nie zu vergessen, ist es wichtig, sich gegenseitig immer wieder an das Gute zu erinnern. Emin und ich schreiben uns zum Beispiel gegenseitig Botschaften in ein kleines schwarzes Buch. Jeder von uns hat eins, immer wieder schreiben wir Gedanken in das Buch des anderen. Das sind Bücher, in denen wir auch unsere gemeinsame Zeit festhalten. Alles, was gut ist. Denn Dinge, die wertvoll sind, sollte man aufschreiben«, sagte Dilara und zeigte mir ein kleines schwarzes Notizheft.

Emin hatte auch eins. Ich konnte sehen, dass Postkarten aus dem Buch herausschauten und Fotos eingeklebt waren. Diese beiden Notizhefte mussten wohl tatsächlich alles beinhalten, was dieses Paar gemeinsam erlebt hatte und was sie verband. Diese zwei Bücher waren wie die Seele ihrer Liebe, festgehalten in den Gefühlen und Bildern der einzelnen Tage, die sie miteinander teilen durften, und den Gedanken und Worten, die sie sich gegenseitig schenkten. Nicht nur gesprochen, sondern als Worte, die für ewig auf den Seiten dieser Bücher zu finden waren. Sie brauchten nur zurückzublättern und konnten sich immer wieder in die Situationen, die Gefühle und einzelnen Worte hineinversetzen, die sie miteinander erlebt und sich gegenseitig geschenkt hatten. Aber die Seiten ihrer Bücher waren mehr als Worte und Bilder, es waren Erinnerungen an Gefühle und an ihre gemeinsame Geschichte. Jedes Wort, das sie festgehalten und sich gegenseitig in ihre Bücher geschrieben hatten, war wie die Möglichkeit, im kältesten Winter die schönsten Blumen zu finden.

Ich kannte Fotoalben, aber die Idee ihres gemeinsamen Notizbuches fand ich noch schöner. »Was genau schreibt ihr in die Bücher, wenn ich fragen darf?« Emin reichte mir nun auch sein Buch und sagte: »Wir schreiben alle möglichen Gedanken und Gefühle immer ins Buch des anderen und tauschen dann. So lese ich Dilaras und Dilara liest meine Gedanken. Diese Bücher sind unser Fundament, und es wächst jeden Tag weiter mit jedem neuen Erlebnis und mit jedem neuen Wort. Hier stehen unsere Werte. All das, woran wir glauben, was uns aneinander begeistert. Geschichten und Gedanken zu Dingen, die wir gemeinsam erlebt haben. Fotos, Karten und Briefe, die wir uns gegenseitig geschrieben haben. Mut, den wir uns gegenseitig zugesprochen, Ängste, die wir geteilt haben, und Momente, die wir festhalten möchten. Viel zu oft unterschätzt man die Kraft eines gemeinsamen Erlebnisses, einer Berührung, eines netten Wortes oder der kleinsten Aufmerksamkeit. Diese Dinge aufzuschreiben, ist der schönste Weg, sich gemeinsam zu erinnern. Die Worte im Buch sind das einzig echte unbezahlbare Geschenk, das wir uns geben können, denn es kostet Zeit und echte Liebe. Alles, was uns verbindet, steht in diesen zwei kleinen Büchern und ist unsterblich.«

Ich mochte diese Idee der zwei Bücher, in die Emin und Dilara immer wieder ihre Gedanken schrieben, um sie dann auszutauschen. Ich stellte mir vor, wie schön es wäre, ein Buch zu haben, in das Lizzy über die Jahre unserer Ehe all ihre Gedanken und netten Worte über mich und unsere Familie reingeschrieben hätte. Wie gern hätte ich Lizzy meine Gedanken oft einfach geschrieben. Die Momente, in denen ich gehen musste, obwohl ich bleiben wollte. Was würde ich geben, um mithilfe eines einfachen Buches die Zeit zurückdrehen und die schönsten Gefühle immer wieder zum Leben erwecken zu können. Wieso hatte ich nie an so etwas gedacht? Wie viele wertvolle Worte waren schon in der Vergangenheit verblasst? Dinge aufzuschreiben, war etwas Normales, aber jemand anderem etwas zu schreiben, war etwas Besonderes.

»Wenn ich mal allein bin oder mich nicht gut fühle, schlage ich einfach eine Seite im Buch auf, lese die Gedanken von Emin über mich und über uns und unsere kleine Familie und bin dann gleich wieder voller Freude über das, was wir zusammen haben.« Ich überlegte, wie sehr sich Lizzy darüber freuen würde, wenn auch wir solche Notizbücher in unserer Beziehung einführen würden. »Wirklich tolle Idee, ich bin mir sicher, es ist schön, die gemeinsame Zeit und vor allem auch die Gefühle, Werte und Ziele der Partnerschaft so zusammen festzuhalten. Man lernt sich bestimmt ganz anders kennen, als wenn man einfach nur so nebeneinander herlebt«, sagte ich voller Überzeugung über diese neue Idee, die ich unbedingt ausprobieren wollte.

»Worte sind wie eine Linse, die den Geist und das Herz fokussieren und Klarheit schenken. Aber wenn du sie wirklich verstehen willst, musst du dahin sehen können, wo die Worte leben, bevor sie auf dem Papier stehen«, sagte Emin. »Kannst du mir erklären, was du damit meinst? Wo leben denn die Worte, bevor sie auf dem Papier sind? In den Gedanken, richtig?«, sagte ich. Und Emin antwortete: »Eine alte Schauspielübung: Schau dem Menschen, den du liebst, 15 Minuten in die Augen, und du wirst Dinge finden, die du vorher nie gesehen hast. Probiere es aus!«

Ich dachte darüber nach, wie lange es her sein musste, dass ich Lizzy das letzte Mal wirklich lange und tief in die Augen geschaut hatte. Ich hatte oft fast Angst, Menschen lange in die Augen zu schauen, weil ich nicht wollte, dass sie alles von mir sehen. Es war, als wenn es mich schützen würde, einfach wegzuschauen. War es genau dieser Schutz, den ich ablegen musste, um für Lizzy wirklich stark zu sein und ihr ehrliche Liebe zu schenken?

Je länger ich in der Gegenwart von Emin und Dilara war, desto deutlicher sah ich die Arbeit, die hinter einer wirklich guten und gesunden Beziehung stecken musste. Ich wusste sehr genau, was es bedeutet, hart für etwas zu arbeiten, nur hatte ich das nie auf meine Beziehung übertragen. Ich dachte immer, es würde genügen, einen anderen Menschen zu lieben.

»Liebe ist die Basis. Das Fundament. Mit vereinter Kraft wird die Liebe aufgebaut – trotz der Steine, die der Alltag jeder Beziehung in den Weg zu legen versucht: Versuchung, Monotonie, Einsamkeit und Angst. Liebe ist niemals fertig. Wer versteht, dass es keine perfekte Liebe gibt, wird zusammen mit seinem Partner ein wirklich standhaftes Haus errichten können, weil er nicht mehr sucht, sondern alles gefunden hat. Ohne Konditionen, voll echter Vergebung, voller Freiheit, Vertrauen und voll von dem Glauben an das Gute. Liebe baut auf all das auf, was da ist, jeden Tag, mit all den unerwarteten Situationen, die das Leben uns schenkt, um gemeinsam zu wachsen. Liebe bewertet nicht, sie gibt alles, ohne etwas zurückhaben zu wollen. Nur das Herz, das nichts zurückverlangt, kann niemals gebrochen werden«, sagte Emin und erzählte mir vom Reiz des Neuen. »Dilara und ich versuchen, uns immer wieder neu zu verlieben«, sagte er und sprach vom scheinbar magischen Moment des Wiedersehens. »Wenn ein Paar sich zwei oder drei Wochen lang nicht mehr gesehen hat, dann …« »… freuen sie sich über das

Wiedersehen!«, sagte ich sofort und dachte an die unzähligen Male, die ich mich wirklich auf Lizzy gefreut hatte, nachdem ich lange auf Geschäftsreise gewesen war. »Respekt und Liebe bilden die Grundmauern, aber der Reiz des Neuen füllt jedes Haus mit Leben. Wer sich nicht immer wieder neu verlieben kann und das Neue in alten Dingen findet, nimmt der Beziehung die Luft zum Atmen, daran scheitern die meisten Ehen. Die Partnerschaft wird langweilig, unaufhaltsam, mit jedem neuen Tag, der Neues alt aussehen lässt.«

»Aber wie kann man den Reiz des Neuen immer wieder entdecken, wenn man sich doch jeden Tag sieht?«, fragte ich. Wie konnte Emin sich immer wieder neu in seine Frau verlieben, wenn sie doch immer zusammen waren? »Wenn nach drei Wochen Trennung jemand für dich ganz neu erscheint, warum kann diese Person dann nicht auch nach nur einem Tag wie neu auf dich wirken?«, fragte Emin zurück. Er erzählte von seinem Versprechen, seiner Frau Dilara und dem kleinen Zeki jeden Tag so zu begegnen, als hätte er sie lange nicht gesehen. Er wolle jeden Tag das Neue in ihnen suchen und finde es auch immer. Er wolle jeden Tag ein ganz neues Verhältnis zu ihnen aufbauen. Er mache es immer zu seinem kleinen täglichen Höhepunkt, sie wiederzusehen, auch wenn sie nicht lange getrennt waren. Er sagte, er verliebe sich jeden Tag in eine neue Frau, seine Frau. »Der einfachste Weg, immer wieder das Neue sehen zu können, ist, Menschen dabei zu helfen, ihr Spiegelbild zu mögen. Erinnere Menschen daran, wie großartig sie sind, wie sehr sie gewachsen sind und wie neu sie sind. Das hilft ihnen dabei, diese tollen

Neuheiten, die du in ihnen gefunden hast, zum Leben zu erwecken. Menschen hören selten, dass sie respektiert werden. Vor allem Partner und Kinder. Dein Respekt für sie und ihr Verhalten, deine Dankbarkeit für die Tatsache, dass sie in deinem Leben sind, wird dazu führen, dass genau dieses Verhalten wiederholt und bestärkt wird. Deine tägliche Suche nach dem Neuen und dein ehrliches Lob werden dir jeden Tag einen neuen Menschen vorstellen, der dich wirklich liebt für deinen Glauben an seine Größe.«

Ich war gefesselt von den Gedanken über die Möglichkeit, eine ehrliche Neugier in den Alltag der Beziehung zu integrieren, musste aber unbedingt nach den Situationen fragen, in denen das auch mal schwierig wurde. Dieses Paar konnte doch nicht unverwundbar sein. »Und was ist, wenn mal etwas schiefläuft? Wie geht ihr mit Fehlern des anderen um?« Emin antwortete: »Es ist nicht fair, sich auf die dunklen Tage zu konzentrieren und Fehltritte schwerer zu bemessen als die vielen guten Tage. Menschen tun das, ohne es zu merken.« »Warum tun sie das?«, fragte ich und schon während ich fragte, erinnerte ich mich an die vielen Male, bei denen ich zahllose wertvolle Tage, die ich mit Lizzy verbracht hatte, einfach verdrängte, weil ich nur die augenblickliche Diskussion über die aktuellste Meinungsverschiedenheit sehen konnte.

Emin sprach von vergleichbarer Rarität, einem psychologischen Prozess, der dazu führt, dass das Gehirn nur das fokussiert, was weniger oft geschieht – eine Rarität eben. »Autoren und Regisseure nutzen dieses Phänomen in der Dramaturgie von Theaterstücken oder Filmen oft sehr bewusst, um die Geschichte zu führen. Wir als Schauspieler kennen das Prinzip«, sagte er. »Im Leben ist es genauso: Du erinnerst dich immer eher an die Ich-hasse-dich-Momente als an die Ich-liebe-dich-Momente. Das liegt vor allem auch daran, dass schwere Situationen in normalen menschlichen Beziehungen vergleichsweise seltener auftreten als gute oder neutrale Interaktionen. Diese Seltenheit der Situation lässt den Fehltritt dann immer viel deutlicher erscheinen und schwerer wiegen. Menschen, die vergeben können, haben die Gabe, sich an die sonnigen Tage zu erinnern und nicht nur den Schatten zu sehen.«

»Das heißt, es geht eigentlich nur darum, immer auch den Blick für das Gute zu behalten, vor allem, wenn es schwer wird?«, sagte ich. »Ja, aber da ist noch viel mehr. Die wirklich wichtigen Dinge passieren, bevor die Beziehung überhaupt angefangen hat.« »Was meinst du damit?«, wollte ich wissen und fragte mich, ob Emin von Datings und netten Abendessen sprach, die dem Kennenlernen dienen sollten? Er sprach aber von etwas viel Grundlegenderem, und mit jedem seiner Worte änderte sich mein Blick auf die typische Beziehung zweier Menschen völlig. Das gedimmte Licht in der Kabine des Flugzeuges und das leise Summen der Triebwerke erzeugte eine angenehme Ruhe, als er sagte: »Viele Beziehungen, die ich heute bei jungen Menschen sehe, sind von vornherein auf dem falschen Fundament aufgebaut. Sie fühlen sich am Anfang gut an, das Gefühl des Verliebtseins und so weiter. Aber früher oder später wird es immer schwer. Es gibt einige Weltklassedenker, die dieses Phänomen erkannt und erklärt haben. Schau dir in jedem Fall die Arbeit von Eckhart Tolle an. Sie wird deine Welt verändern. Er erklärt es wie eine Art Muster: Erst kommt Liebe, dann wird Streit zur Normalität. Beziehungen, in denen es Liebe und Hass gibt, sind meistens gar keine echten Liebesbeziehungen. Es ist oft die Zusammenkunft zweier Menschen, die sich voneinander abhängig machen, um sich erfüllt zu fühlen. Diese Erfüllung kann der Partner dann tatsächlich für eine gewisse Zeit in das Leben des anderen bringen. Es fühlt sich dann tatsächlich kurz so an, als wäre der Partner der Grund für das neue Gefühl von Glück. Typischerweise passieren dann irgendwann Dinge, die der Partner niemals erwartet hätte. Enttäuschungen erschüttern die Partnerschaft, Angst und Unsicherheit kommen wieder zum Vorschein. Diese Emotionen waren aber immer schon da, sie waren nur durch das Gefühl der vermeintlichen Liebe für eine kurze Zeit unsichtbar.«

Ich hörte gespannt zu und verstand plötzlich, was Emin meinte, als er von der Abhängigkeit zweier Menschen sprach. Die Beziehung war für viele Menschen wie eine Droge. Aller Schmerz war durch den Partner für eine kurze Zeit betäubt, aber es kommt immer der Moment, in dem die Wirkung der Droge nachlässt. Sie funktioniert nicht mehr und der Schmerz ist immer noch da, meistens stärker als vorher, und diesmal sieht man den Partner als Ursprung des Leidens. »Aus Liebe wird jetzt Hass in der Hoffnung, den Partner dazu zu bringen, sein Verhalten zu ändern und wieder erfüllend zu sein, damit der Schmerz gelindert wird. Schmerz und Einsamkeit sind das Fundament dieser Beziehungen. Jede

Einheit, jede Abhängigkeit, die aus Schmerz geboren wird, endet auch immer mit Schmerz.«

»Jede Droge, die den Schmerz kurz lindert, macht ihn später nur noch schlimmer«, sagte ich leise. »Wenn die meisten Beziehungen auf Schmerz und dem falschen Fundament aufgebaut sind – wie kann man es denn besser machen?«, fragte ich dann. »Solange du weißt, dass dein Schmerz nicht echt ist und nur ein Produkt deiner Gedanken, findest du unter deinem Schmerz plötzlich dein Glück wieder – in dir. Du brauchst keine Droge mehr, du findest endlich die Ekstase des Lebens wieder. Du bewertest nichts mehr, weder dich noch deinen Partner, du wirst endlich frei. Du bist jetzt tief erfüllt, wirklich glücklich und liebst dich selbst. Erst jetzt kannst du jemand anderen wirklich lieben, weil du nicht mehr liebst, um geliebt zu werden, um deinen Schmerz zu lindern, sondern du liebst, um zu lieben. Die Liebe war immer da, du kannst sie nicht verlieren, jeder hat sie, sie verbindet alles. Solange du aber in deinen Beziehungen nach einer Rettung aus deinem Schmerz suchst, wirst du immer wieder Schmerz spüren. Wenn du verstehst, dass die Beziehung da ist, um dir dabei zu helfen, deine eigene Liebe zu finden, dann wirst du wirklich erfüllt werden.« »Dann gibt es auch keinen Streit mehr?«, fragt ich ungläubig. »Gib deinem Partner den Raum, um sich selbst zu verwirklichen. Anschuldigungen, Angriffe oder Ausreden sind immer nur dazu da, um sofort all das zu bekommen, von dem du denkst, dass es deinen Schmerz lindert und dich erfüllen wird. Alles wird plötzlich ganz einfach.«

Die Lautsprecherstimme aus dem Cockpit unterbrach uns für einen Augenblick: »Ladys und Gentlemen, wir werden jetzt unsere Reiseflughöhe verlassen und unseren Landeanflug beginnen. Bitte schließen Sie Ihren Sicherheitsgurt, klappen Sie die Tische vor sich hoch und stellen Sie Ihre Rückenlehne gerade.«

Die Gedanken dieses jungen Paares über Liebe, Kinder, Vergebung, Fundamente, Selbstliebe und den Fokus auf die wertvollen Tage waren faszinierend. »Ihr solltet gemeinsam ein Buch schreiben«, sagte ich, als ich meinen Gurt festzog, »ich würde es sofort kaufen. Es gibt sicherlich viele Menschen, die von euren Gedanken über Liebe und Familie profitieren würden.« Beide lachten. »Danke, das ist sehr freundlich. Aber einfach ehrlich, offen und frei miteinander zu leben, ist der beste Lehrer. Das Glück zweier Menschen ist wie ein Paar Flügel. Sie müssen weit geöffnet sein, um scheinbar schwerelos durch die Luft zu gleiten. Liebe und deine ehrlichste Persönlichkeit sind eins. Finde eine dieser beiden Schätze, und du realisierst beide. Gute Reise noch, es war schön, dich kennenzulernen. Komm sicher nach Hause!«

Die sanfte Landung der schweren Maschine verankerte alle Erkenntnisse fest in meinem Leben, und ich war so entschlossen wie noch nie zuvor. Ich konnte spüren, dass ich meinem wichtigsten Ziel immer näher kam. Die Maschine leerte sich, aber ich blieb noch einen Augenblick sitzen, nahm eine Papiertüte aus der Rückenlehne des Sitzes vor mir und schrieb auf, was ich verstanden hatte.

Kinder brauchen Vorbilder, keine Kritiker und keine Lehrer.

Ein gutes Vorbild hat doppelt so viel wert wie ein guter Ratschlag.

Der härteste Auftritt den du jemals haben wirst, ist der, in dem du einfach du selbst sein sollst.

Lieben, weil man bereit ist, nicht weil man einsam ist.

Wir sind oft wie Kinder.

Egal, was du im Leben hast, es geht darum, wen du im Leben hast.

Worte sind oft schwach, sie sind die Quelle aller Missverständnisse. Gefühle sind viel stärker!

Um das Gute nie zu vergessen, ist es wichtig, sich gegenseitig immer wieder an das Gute zu erinnern.

Schau dem Menschen, den du liebst, ins Glauben in die Augen!

Nur das Herz, das nichts zurück verlangt, kann niemals gebrochen werden.

Du liebst, um zu lieben!

Fliehe deinem Partner, der kaum um sich selbst zu verwirklichen.

Die Reise endet – und beginnt

Meine Reise war wie der Besuch in einer Zeitmaschine. Ich war wie ein Tourist aus der Zukunft, der voll neuem Wissen in die Gegenwart zurückkehrt. Vorbei an der Gepäckausgabe auf dem Weg zum Ausgang sah ich die Raucherlounge und das Café, in dem ich heute Morgen noch gewesen war. Ich warf meine volle Schachtel Zigaretten weg und kaufte mir ein stilles Wasser statt eines Kaffees. Meine Gedanken waren glasklar und ich ging auf dem schnellsten Weg zur Parkgarage.

Ich saß im Auto auf dem Weg vom Flughafen nach Hause und verstand plötzlich, worum es ging. Ich spürte ein unbeschreibliches Gefühl in mir. Es fühlte sich an wie tatsächliche Erfüllung, als wenn mein Körper sich mit Kraft und Sonnenlicht füllen würde. Ich konnte meine Fäuste fester ballen als jemals zuvor. Die Räder meiner inneren Maschine griffen perfekt ineinander, ich hatte richtig entschieden. Ich konnte nicht aufhören zu lächeln. Mein ganzer Körper war voller Energie. Mein Blick schweifte zum ersten Mal über die Landschaft neben dem Highway. Ich war schon so viele Male zuvor diese Strecke gefahren, aber ich hatte sie noch nie wirklich gesehen. Nie verstanden. Die Blätter der Bäume, wie sie sich im Wind sanft hin und her bewegten. Die orange, warme, weiche Färbung der Sonne, wie sie durch die Bäume hindurchschien und mein Gesicht wärmte. Die endlose Weite und die sieben großen Windräder, die sich langsam drehten auf dem endlosen Feld. Ich spürte meinen Atem, war voller Freude über meine Freiheit. Noch nie zuvor hatte ich mir meine Freiheit verdeutlicht, darüber nachgedacht, was ich alles tun konnte. Wie ein Vogel, der sein Leben lang in einem offenen Käfig gelebt hatte und zum ersten Mal versteht, dass er ihn verlassen kann, um zu fliegen. Ich konnte es kaum erwarten, Lizzy zu sehen, und die Kinder! Wo war ich die ganzen letzten Jahre gewesen? Wer war ich gewesen? Ich sang Lieder im Radio plötzlich laut mit und freute mich an jedem Wort, ich tanzte in meinem Sitz, lachte die Menschen in den vorbeifahrenden Autos an. Ich war endlich wieder auf dem richtigen Weg!

Was war passiert? Wie konnten ein verspäteter Flug und die Begegnungen mit sieben völlig fremden Menschen ein so unglaubliches Feuer in mir entfachen? Ich hatte keine Antwort, aber ich hatte ein Versprechen, das ich mir in diesem Augenblick selbst gab: Alles, was ich heute gelernt hatte über das Leben und die unendlichen Möglichkeiten, die es bereithält, würde ich verbreiten. Ich kannte so viele Freunde, Bekannte, Kollegen und Familienmitglieder, die schon durch nur einen einzigen Gedanken aus meinen Gesprächen mit Rob, Maria, Mel, Rose, Noah, Dilara und Emin die Welt mit ganz anderen Augen sehen würden – so wie ich es gerade nun tat. Das Leben ist eine Reise zurück nach Hause. Ich musste erzählen, was passiert war, ich musste es aufschreiben und Menschen schenken. Dieses unfassbare Glück, das mir heute widerfahren war!

Zu Hause angekommen

Ich fuhr die letzten Meter, die mich von meinem Zuhause trennten, sehr langsam. Meine unbändige Energie war zu echter Ruhe geworden. Ich glitt fast schwerelos durch die Straßen unserer Nachbarschaft und sah unser wunderschönes Haus. Als ich auf darauf zufuhr, fiel mir zum ersten Mal die Wärme auf, die von ihm ausging, sie umschloss mich wie eine feste Umarmung. Hinter den großen Fenstern schien einladendes Licht. Ich spürte echtes Leben. Bevor ich parkte, atmete ich noch einmal tief ein und aus, lächelte und sah mich selbst im Rückspiegel. Meine eigenen Augen waren klar, mein Blick freundlich und glücklich, sanft und mit einem kleinen Funkeln.

Ich stieg aus dem Wagen und ging zur Eingangstür. Als ich den Schlüssel ins Schloss steckte, fühlte ich mich, als wenn ich einen ganz neuen Abschnitt meines Lebens beginnen würde. Ich drehte den Schlüssel, öffnete die Tür und spürte sofort etwas sehr Wohliges. Der Kamin war an und der Geruch meines Lieblingsapfelkuchens mit Zimt und Rosinen stieg mir in die Nase. Ich hörte, wie die Kinder sich freuten, dass ich schon zurück war!

»Daddy, Daddy!«, kamen die lauten Schreie aus dem Wohnzimmer.

Ich sah meine Frau durch die offene Küche. Ihr Blick wirkte überrascht und gleichzeitig so glücklich, wie ich ihn selten zuvor gesehen hatte. Sie lächelte. Ich merkte, wie sich Tränen der Freude in meinen Augen sammelten. Ein breites Lächeln kam über mein Gesicht. Ich ließ meine Tasche fallen und sagte leise: »Ich bin endlich wieder zu Hause.«

Epilog

Jeder Mensch, der in dein Leben kommt, wird dir geschickt als eine Orientierungshilfe. Ich hoffe, die Geschichte meiner Reise wird auch dir dabei helfen, echten Frieden und wahre Freude in dein Leben zu bringen. Es gibt auf diesem unvergleichbaren Weg kein Ziel, nur eine lebenswichtige Entwicklung, die dir in jedem einzelnen Schritt dazu verhelfen wird, zu der Person zu werden, die du sein könntest. Das Kind, das du schon einmal warst. In der Vergangenheit lernst du dabei die wichtigsten Lektionen, in der Zukunft wirst du diese Lektionen dann einsetzen – das Wichtigste ist aber, dass du in der Zwischenzeit nicht aufgibst und den Wert jedes Moments ehrlich würdigst. Du wirst von nun an die Wunder wieder sehen können. Es geht aber nicht darum, zu suchen, sondern darum, etwas zu erschaffen. Viel zu viele Menschen sind blind für die Schönheit, auch wenn diese oft genau vor ihnen ist. Gefesselt von Ängsten und Wünschen, entkommen sie nie aus ihrem selbst erbauten Käfig.

Deine neu gewonnene Perspektive für den Augenblick und für jeden neuen Schritt wird dir die Kraft schenken, dich selbst zu verwirklichen, selbst deine Realität zu erschaffen.

Du wirst endlich den Frieden im Jetzt spüren. Eine seltene Fähigkeit, die dich über Angst, Gier und Schmerz hinwegträgt. Du wirst nach viel höheren Prinzipien leben: Dankbarkeit, Barmherzigkeit, Wahrheit, Vergebung und Liebe.

Dein Blick hat sich gewendet – vom Kopf zum Herzen und von dir zur Welt. Du musst nun nicht mehr interpretieren, du kannst wieder klar sehen. Du verstehst, dass nichts jemals dir gehören wird, denn du wirst alles irgendwann einmal wieder abgeben müssen.

Das Geschenk des Lebens ist wie ein wunderschönes Musikstück – das Kind in uns hört es manchmal noch. Aber wir vergessen es immer wieder. Wir nehmen es nicht mehr wahr – und irgendwann wird der letzte Akkord gespielt und es ist zu spät. Aber heute, da du das Lied des Lebens endlich wieder leise in der Ferne hören konntest, weißt du: Es geht auf unserer Reise niemals nur um das Ziel, niemals nur um das große Finale. Wir können ein Leben lang singen und tanzen.

Vertraue auf dein Lied und die Worte, die das Leben dir zuflüstert, auch wenn du sie nicht immer sofort verstehen kannst. Folge dem Weg, reise der Reise wegen, vergiss das Ziel und schenke anderen den wertvollsten Teil deines neuen Schatzes: Hilf ihnen dabei, dass auch sie ihr Lied wieder hören können! Vertraue auf das Gute im Menschen und sieh etwas in anderen, was sie selbst noch nicht sehen können! Erzähle Menschen, die nah an deinem Herzen sind, von der Reise, vom Lied des Lebens und vom Weg, der direkt vor ihnen ist!

Es ist mir eine Ehre, der Erste zu sein, der dich hier begrüßt: Heute könnte der erste Tag deines neuen Lebens sein.

Danksagung

Diese Geschichte wäre ohne ein paar ganz besondere Menschen niemals geschrieben worden – I can't thank you all enough!

Mama, Dad, Nick, Luki, Lenny, Jeremy, Liam, Bab and Bertha – you're the most amazing family I could have ever wished for. We're all crazy in a wonderful Mockridge way. To my beautiful Belli, you are the love of my life and a true gift to the world!

Danke an Ute Flockenhaus – you rock! Sandra Krebs und alle meine GABAL-Freunde, danke für den Glauben an diese Geschichte! Danke an Christiane Martin und Martin Zech. Thanks to my Amsterdam artwork mafia Arthur Remacle and Raffaello Cuccuini.

Danke an meine Homies Leon Staege und Luca Kiedrowski – thanks for always having my back! Stella und Gero, vielen Dank für die ruhigen Stunden und die magischen Vibes in der wunderschönen Casa Wollersheim.

Und einen besonderen Dank an dich …

Während ich diese Zeilen schreibe, sitze ich in einer kleinen Bambushütte am weißen Strand der bezaubernden Insel

Gili Meno in Indonesien. Die Sonne geht gerade unter, roter Himmel, softe Musik im Hintergrund, ein wunderschöner Tag geht zu Ende und ich denke darüber nach, wie sehr es mich berührt zu wissen, dass du dieses Buch bis hierher gelesen hast! Ich wünsche dir auf deinem ganz eigenen Weg nach Hause von Herzen nur das Allerbeste!

Sending my kindest thoughts to your heart and soul!
Be great!
Dein Fan, matthew :)

Der Autor

Matthew Mockridge studierte in den USA »International Business und Management«. Er ist Jungunternehmer, Autor und Speaker. Als Spross der Schauspieler und Protagonisten der Fernsehserie »Die Mockridges«, Bill Mockridge (Linden-straße) und Margie Kinsky wuchs Matthew in einer etwas anderen Familie auf.

Als Bruder von Comedy-Superstar Luke Mockridge, Regis-seur Nick Mockridge, Kinoschauspieler Jeremy Mockridge, Musiker Leonardo Mockridge und DJ Liam Mockridge lan-dete Matthew natürlich auch im Unterhaltungsgeschäft. Mit seiner revolutionären Event-Idee »NEONSPLASH – Paint-Party®« platzierte er einen internationalen Party-Superhit, der schon in über 60 Städten mehrere Hunderttausend Gäste begeisterte. Der Jungunternehmer wurde damit in der inter-nationalen Live-Entertainment-Szene über Nacht berühmt.

Sein erstes Buch »Dein nächstes großes Ding« stand mo-natelang auf der Bestseller-Liste des »Manager Magazins« und sein iTunes-Nummer-1-Podcast »Smart Entrepreneur Radio« wurde zum Zeitpunkt dieser Veröffentlichung über zweimillionenmal heruntergeladen.